불멸不滅의 길

연종집요

蓮宗集要

홍인표 지음

비움과소통

일생에 육도윤회를 벗어나 성불하는 길

머리말 I

석가모니불께서 온갖 중생들이 육도 중에서 수레바퀴처럼 돌아다니며 고를 받으면서도 그 고를 벗어날 줄을 알지 못하는 것을 불쌍히 여기시어 성도하신 후에 사십여 년 동안 팔만 법장을 설법 하시어 중생이 육도를 벗어나 성불하는 법을 가르쳐 주셨다.

그러나 중생으로서 처음 발심하여 성불하기까지에는 3아승기겁이라는 장구한 세월을 닦아야 하니, 그러는 동안에는 무수한 생사를 반복하면서 한량없는 고난을 받아야 하므로 부처님께서 성불하는 법을 가르쳐주시며 생각하시기를, 이 법이 이렇게 오랜 세월이 걸리고도 어려워서 중생들이 이 말을 듣고 겁이 나서 발심하지 못하거나 혹은 도를 닦다가 중도에 그만두는 폐단이 있을까 염려하시어 빨리 성불할 수 있는 별법을 가르쳐 주셨다.

이 법이 연종법문이니 어떤 중생이나 여러 생을 지내지 아니하고 일생에 염불한 공덕으로 육도윤회를 벗어나 서방정토 극락세계에 왕생하여 아미타불의 설법을 듣고 필경에는 성불하는 법문이다.

다른 법문은 자기의 힘으로 도를 닦아서 온갖 번뇌를 끊어야 육도의 윤회를 면하고 성불하는 것이며 만일 조금이라도 번뇌가 남아 있으면 성불은 고사하고 육도의 윤회도 면할 수 없게 되는 것이다.

그러나 이 연종법문은 자기의 염불하는 수행과 아미타불의 원력으로 인하여 설혹 임종할 때에 번뇌를 다 끊지 못하였더라도 대혹왕생 즉 미혹을 띤 채 왕생하여 성불하게 되는 것이니 다른 법문에 비하여 알기 쉽고 행하기 쉽고 닦기 쉽고 성불하기 쉬운 절묘한 법문이다.

이 책을 보는 이가 이미 발심하였으면 염불에 더욱 정진할 것이요, 만일 발심하지 못하였으면 빨리 발심하고 부지런히 닦아서 이 생을 마치고는 극락세계에 왕생하기를 간절히 바라는 바이다.

불기 2505년 임인(壬寅) 계춘(季春)

회서 홍인표

차 례

제1장 극락세계(極樂世界)

1. 서방정토 극락세계

서방정토(西方淨土)란 것은 이 사바세계(娑婆世界)와 같은 예토(穢土)에 대비하여 하는 말이니 서방의 성자(聖者)가 계시는데 오탁(五濁)의 더러움이 없는 정토(淨土)이므로 서방정토라 한다.

극락세계(極樂世界)는 시방정토(十方淨土) 중에 아미타불(阿彌陀佛)이 계시는 정토로서 고(苦)는 없고 낙(樂)만 있으므로 극락세계라 하며 다른 정토보다 가장 수승한 정토이다.

2. 극락세계의 유래

무량겁(無量劫) 전에 세자재왕불(世子在王佛)이 출세(出世)하시고 그 나라에 교시가(橋尸迦)라는 국왕이 있었는데 보리심을 발하여 왕위를 버리고 출가하여 법장비구(法藏比丘)가 된 후에 세자재왕불 앞에서 48원(願)을 세우고 그 소원이 성취되어 성불하였으니, 그가 곧 아미타불(阿彌陀佛)이시고 그 부처님이 교화(敎化)하시는 국토가 극락세계이다.

3. 극락세계의 위치

화엄경(華嚴經)에 보면 연화장세계(蓮華藏世界)의 맨 아래에 풍륜(風輪)이 있고 풍륜 위에 향수해(香水海)가 있으며, 향수해 가운데에 대연화(大蓮華)가 있고 연화 위에 10불가설(不可說), 불찰(佛刹), 미진수(微塵數), 찰종(刹種)이 있으니 이것을 화장세계(華藏世界)라 하며 그 많은 찰종들은 모두 20중세계(重世界)로 되어있다. 그 한 복판에 있는 찰종의 제13층(層)에 우리가 살고 있는 사바세계가 있는데, 13불찰(十三佛刹) 미진수세계로 둘러 싸였으며 사바세계의 서쪽으로 십만 억 세계를 지나가서 극락세계가 있으니, 극락세계는 사바세계와 같이 제 십삼 층에 있다.

4. 극락세계와 삼계(三界)와의 비교

극락세계는 삼계(三界 즉 욕계欲界, 색계色界, 무색계無色界) 이외의 정토(淨土)이니 삼계와 비교하면 다음과 같다.

(1) 극락세계는 오욕(五慾) 등이 없으므로 욕계(欲界)가 아닌 비욕계(非欲界)이다.

욕계는 육천(六天 즉 위에서부터 타화자재천他化自在天, 화락천化樂天, 도솔천兜率天, 야마천夜摩天, 도리천忉利天, 사왕천四王天)인데 타화자재천에서 야마천까지는 공중에 의거(依居)하므로 공거천(空居天)이라 하고 도리천, 사천왕은 수미산(須彌山)에 머무르므로 지거천(地居天)이라 한다. 단 해와 달과 별은 공거천에 속한다.

인(人) 아수라(阿修羅) 귀(鬼) 축생(畜生), 지옥(地獄)의 총칭이고 오욕(五欲 즉 재욕財欲, 색욕色欲, 음식욕飮食欲, 명예욕名譽欲, 수면욕睡眠欲) 등이 있는 유정(有情)의 주소다.

(2) 극락세계는 땅에 의거(依居)하므로 색계가 아닌 비색계(非色界)다.

색계는 욕계의 위에 있고 선정(禪定)을 닦아서 태어나는 제천중(諸天衆)의 주소(住所)이니 이미 모든 욕(欲)을 여의고 물질이 뛰어나게 묘하며 정묘(精妙)하므로 색계라 하며, 이 색계에 다음 18천(天)이 있다.

위에서부터 색구경천(色究竟天) 선견천(善見天) 선현천(善現天) 무열천(無熱天) 무번천(無煩天) 광과천(廣果天) 무상천(無想天) 복생천(福生天) 무운천(無雲天) 이상은 사선천(四禪天)이고, 변정천(邊淨天) 무량정천(無量淨天) 소정천(小淨天) 이상은 삼선천(三禪天)이며, 광음천(光音天) 또는 극광정천(極光淨天) 무량광천(無量光天) 소광천(小光天) 이상은 이선천(二禪天)이고, 대범천(大梵天) 범보천(梵補天) 범중천(梵衆天) 이상은 초선천(初禪天)이다. 이상 제천이 공거천이다.

(3) 극락세계는 형상이 있으므로 무색계(無色界)가 아니다.

무색계는 식심(識心)만 있어서 심묘(深妙)한 선정(禪定)에 머무르므로 무색계라 한다.
무색계는 물질이 없으므로 그 방처(方處)를 정할 수 없으나 과보가 수승하므로 색계 위에 있는 것이다.

무색계에 사천(四天)이 있으니 즉 위에서부터 비상비비상처천(非想非非想處天) 무소유처천(無所有處天) 식무변처천(識無邊處天) 공무변처천(空無邊處天)인데, 거처로써 이것을 나눌 수가 없으나 그 선정(禪定) 수명(壽命) 등의 승열(勝劣)에 의하여 차등을 세운 것이다.

5. 극락세계의 별명

극락은 범어(梵語)로 수마제(須摩提, 須摩題) 수마야(須摩耶) 수가마제(須呵摩提) 소가박제(蘇珂縛提)를 번역한 것이며, 그 별명이 30여 종이 있으니 다음과 같다.

극락(極樂), 안락(安樂), 안양(安養), 묘락(妙樂), 묘의(妙意), 호의(好意), 서방(西方), 서찰(西刹), 정토(淨土), 정방(淨邦), 연방(蓮邦), 연찰(蓮刹), 보국(寶國), 보방(寶邦), 보찰(寶刹), 낙방(樂邦), 불회(佛會), 보토(報土), 무위(無爲), 밀엄국(密嚴國), 청정처(淸淨處), 엄정국(嚴淨國), 제지토(諸智土), 열반성(涅槃城), 진여문(眞如門), 제불가(諸佛家), 서방정토(西方淨土), 극락장엄국(極樂莊嚴國), 무량수불토(無量壽佛土), 무량광명토(無量光明土), 무량청정토(無量淸淨土), 연화장세계(蓮華藏世界), 대승선근계(大乘善根界), 대원청정보토(大願淸淨報土), 일승청정무량수세계(一乘淸淨無量壽世界).

청태국(淸泰國)을 극락의 별명으로 쓰는 이가 있으나 청태국은 부모(父母) 등이 있는 미타국(彌陀國)으로서 예토(穢土) 출현의 상이므로 청태국을 곧 극락정토라 함은 잘못이다.

6. 극락세계의 장엄(莊嚴)

장엄(莊嚴)은 선미(善美)로써 국토를 장식하는 것이니 극락세계의 장엄은 다음과 같다.

(가) 극락세계는 땅이 칠보(七寶)로 되어 광채가 빛나고 기묘하며 청정하기가 시방세계에 뛰어나고 국토의 넓기가 한량없으며 땅이 평탄하여 산과 구렁과 골짜기가 없고 바다와 강이 없으며 대, 중, 소의 보배 연못이 있고 육도(六道) 중 지옥, 아귀(餓鬼), 축생, 아수라와 용(龍)이 없다.

(나) 극락세계에는 비와 눈이 없고 해와 달이 없으나 항상 밝고 어둡지 아니하여 밤과 낮이 없거니와 꽃이 피고 새가 우는 것으로 낮을 삼고 꽃이 지고 새가 쉬는 것으로 밤을 삼으며, 극락세계의 1주야는 사바세계의 1겁(劫)이요 또한 기후도 차고 더운 것이 없어 항상 봄과 같이 온화하고 밝으며 상쾌한 것은 말할 것도 없다.

(다) 극락세계는 땅 위에서 허공에 이르기까지 한량이 없는 여러 가지 보배와 백 천 종류의 향(香)으로 되었으며, 장엄한 것이 기묘하고 절승하며 광채가 휘황한 것은 다 말할 수 없다.

또 누각이 마음대로 높고 커서 공중에 떠 있는 것도 있고 마음대로 높거나 크지 못하여 땅 위에 있는 것도 있나니 이것은 전생에 도를 닦을 때에 덕이 후하고 박함에 말미암은 것이다.

(라) 극락세계에는 여러 가지 보배로 된 보망(寶網)이 그 나라를 덮었을 뿐 아니라, 여러 가지 보배나무도 위에는 보망이 덮이었고 그 주위에는 보배 난간(欄杆)이 둘렸으나 교묘하게 꾸미고 광채가 산란한 것은 형언 할 수 없다. 또 바람이 약간 불면 보배나무와 보배그물에서 미묘한 법음(法音)이 나며 꽃다운 향기가 퍼지고 나무에서 나는 소리가 백천 종류의 음악소리와 같으며, 또 극락세계에는 각종 음악이 있어서 끊기지 아니하는데 그 소리가 시방세계의 음악 중에서 제일이며 또 모든 하늘에서 백천 가지의 향화(香華)와 백 천 가지 음악을 가지고 내려와서 불(佛) 보살(菩薩)께 공양한다.

(마) 극락세계에는 바람이 불면 꽃이 흩어져서 전국에 가득차고 하늘에서도 꽃비가 오는데 제각기 그 빛을 따라 쌓이고 섞기지 아니하며 부드럽고 고우며 찬란한 광채와 꽃다운 향기가 나고 꽃이 네 치나 쌓이며, 발로 밟으면 네 치를 들어갔다가 발을 들면 도로 올라오며, 꽃이 시들면 바람에 날려 없어진다.

(바) 극락세계에는 칠보로 된 8공덕수(功德水)가 가득 찼는데 목욕할 때에는 물이 덥고 찬 것과 늘고 주는 것이 마음대로 되어서 더워라 하면 더워지고 차라 하면 차지고, 무릎까지 올라오라 하면 무릎까지 올라오고 허리까지 올라오라 하면 허리까지 올라오고 목까지 올라오라 하면 목까지 올라오고 또 다시 내려가라면 내려간다.

(사) 극락세계에는 각색 연화가 전국에 차 있으며 칠보로 된 연못에는 크기가 수레바퀴 같은 각색 연화가 미묘하고 향기롭고

정결하며 또 물이 연꽃사이로 흘러서 아래위로 돌면서 여러 가지 소리를 내는데 제각기 소원대로 듣게 된다. 가령 설법소리를 듣고자 하면 설법소리를 듣게 되고 음악소리를 듣고자 하면 음악소리를 듣게 된다.

(아) 극락세계에는 부처님과 보살이 설법하시거니와 아미타불이 변화하여 만든 여러 가지 기묘한 새들이 온화하고 청아한 소리로 주야육시(晝夜六時)에 설법한다.

(자) 극락세계에 태어날 때에는 칠보로 된 연못 속의 연화에 화생(化生)하여 젖으로 기르지 아니하여도 저절로 자라고 수명이 무수겁(無數劫)이요, 온몸이 금빛으로 광명이 있으며, 용모가 잘나고 못난 것이 없이 한결같고 형상이 단정하며 정결하고 수승하기가 세간(世間) 사람이나 하늘사람으로는 비교할 수 없다.

인간의 걸인을 인간 임금에 비하면 그 추악하기가 비유할 수 없어 임금이 백천만 배나 수승하고 인간 임금이 사람 중에는 존귀하지만 전륜성왕(轉輪聖王)에 비하면 그 추악하기가 걸인을 임금에게 비한 것과 같고 전륜성왕이 천하에서는 제일이나 도리천왕(忉利天王)에게 비하면 도리천왕이 백천만 배나 수승하고 도리천왕을 타화자재천왕(他化自在天王)에 비하면 타화자재천왕이 백천만 배나 수승하고 타화자재천왕을 극락세계의 성인에게 비하면 극락세계의 성인들이 백천만 배나 수승하다고 한다.

(차) 극락세계에는 여인이 없다. 설사 여인이 왕생 하더라도 여인으로 태어나지 아니하고 장부(丈夫)가 된다.

(카) 극락세계의 사람은 육신통(六神通) 즉 천안통(天眼通), 천이통(天耳通), 타심통(他心通), 숙명통(宿命通), 신경통(神境通), 누진통(漏盡通)을 구족한다.

(타) 극락세계는 음식을 먹을 때에는 각색 보배그릇이 마음대로 앞에 오는데 그 가운데에 백미(白米)가 구존(具存)한 음식이 담겨 있고 먹은 뒤에는 자연히 녹아 흘러서 남는 찌꺼기가 없고 혹은 빛만 보고 냄새만 맡아도 저절로 포만(飽滿)하여 몸과 마음이 부드럽고 식사를 마친 뒤에는 자연히 화(化)하여 가며 다시 먹고자 하면 또 앞에 나타난다.

의복도 입고자 하면 마음대로 앞에 와서 놓이는데 바느질하거나 빨래하거나 물들이거나 다듬이 하는 일이 없다.

(파) 극락세계에는 사람들이 모두 지혜가 있고 마음으로 생각하는 것이 도덕(道德) 아닌 것이 없으며, 입으로 말하는 것이 바른 일 아닌 것이 없고, 서로 사랑하고 공경하며 미워하거나 시기하는 일이 없으며, 제각기 질서를 지키고 어긋나는 일이 없어서 움직이는 것이 예의(禮儀)에 맞고 화목하기가 형제 같으며, 말이 진실하고 서로 가르쳐 주면 기쁘게 받아 어김이 없으며 신기(神氣)가 고르고 고요하며 체질이 가볍고 맑다.

(하) 극락세계에는 낙(樂)만 있고 생로병사(生老病死)의 고(苦)가 없나니 태생(胎生) 하는 데는 고가 있으나 화생(化生)하는 데는 연화에 화생하므로 생고(生苦)가 없으며 춘하추동이 없고 절기가 바뀌지 아니하며 기후가 항상 온화하므로 노고(老苦)가 없으며 화생한 몸이 미묘하여 향기롭고 정결하므로 병고(病苦)가 없으며 수명이 한량이 없으므로 사고(死苦)가 없다.

7. 극락세계 장엄의 종류와 명칭

극락세계의 정보(正報), 의보(依報)의 장엄을 표시하는데 10종 장엄(莊嚴), 24락(樂), 30종 익(益) 등이 있으며 다음과 같다.

정보(正報)는 과거의 업(業)으로 인하여 받는 나의 심신(心身)을 정보라 하니, 범부나 성인의 몸이다.

즉 인(人), 천(天), 제신(諸神), 보살, 부처님 등을 말함이고 의보(依報)는 범부와 성인의 심신에 따라 존재하는 일체세간의 사물을 의보라 하니 국토 등을 말하는데 이는 곧 정토, 예토 등을 말한다.

* 십종장엄(十種莊嚴)

예념미타도량참법(禮念彌陀道場懺法)에 의하면 정보장엄(正報莊嚴)과 의보장엄(依報莊嚴)을 다음과 같이 열 가지로 분류한다.

1. 法藏誓願修因莊嚴 (법장서원수인장엄)
2. 四十八願願力莊嚴 (사십팔원원력장엄)
3. 彌陀名號壽光莊嚴 (미타명호수광장엄)
4. 三大士觀寶像莊嚴 (삼대사관보상장엄)
5. 彌陀國土安樂莊嚴 (미타국토안락장엄)
6. 寶河淸淨德水莊嚴 (보하청정덕수장엄)
7. 寶殿如意樓閣莊嚴 (보전여의누각장엄)
8. 晝夜長遠時分莊嚴 (주야장원시분장엄)
9. 二十四樂淨土莊嚴 (이십사락정토장엄)
10. 三十種益功德莊嚴 (삼십종익공덕장엄)

* 이십사락(二十四樂)

영명연수선사(永明延壽禪師)의 만선동귀집(萬善同歸集)에 이십사락(二十四樂)을 말하였는데 극락정토의 24종 락상(樂相)이며 다음과 같다.

1. 난순차방락 欄楯遮防樂
2. 보망라공락 補網羅空樂
3. 수음통구락 樹陰通衢樂
4. 칠보욕지락 七寶浴池樂
5. 팔수징의락 八水澄漪樂
6. 하견금사락 下見金砂樂
7. 계제광명락 階梯光明樂
8. 누대능공락 樓臺凌空樂
9. 사연화향락 四蓮華香樂
10. 황금위지락 黃金爲地樂
11. 팔음상주락 八音常奏樂
12. 주야양화락 晝夜兩華樂
13. 청신책여락 淸晨策勵樂
14. 엄지묘화락 嚴持妙華樂
15. 공양타방락 供養他方樂
16. 경행본국락 經行本國樂
17. 중조화명락 衆鳥和鳴樂
18. 육시문법락 六時聞法樂
19. 존념삼보락 存念三寶樂
20. 무삼악도락 無三惡道樂
21. 유불변화락 有佛變化樂

22. 수요라망락 樹搖羅網樂
23. 십문동성락 十聞同聲樂
24. 성문발심락 聲聞發心樂

*** 삼십종익(三十種益)**

극락정토 30종의 즐거운 상(相)이니 이것을 30락(樂)이라고도 한다.

석정토군의론(釋淨土群疑論)에 정토왕생을 권하기 위하여 칭찬정토불섭수경(稱讚淨土佛攝受經) 관무량수경(觀無量壽經) 무량수경(無量壽經)의 48원(願)에 의하여 만들어 놓은 것이니 다음과 같다.

1. 수용종종공덕장엄청정불토익(受用種種功德莊嚴淸淨佛土益)
2. 대승법락익(大乘法樂益)
3. 친근공양무량수불익(親近供養無量壽佛益)
4. 유력시방공양제불익(遊歷十方供養諸佛益)
5. 어제불소문법수기익(於諸佛所聞法受記益)
6. 복혜자량질득원만익(福慧資糧疾得圓滿益)
7. 속증무상정등보리익(速證無上正等菩提益)
8. 제대사등동일집회익(諸大士等同一集會益)
9. 상무퇴전익(常無退轉益)
10. 무량행원염념증진익(無量行願念念增進益)
11. 앵무사리선양법음익(鸚鵡舍利宣揚法音益)
12. 청풍동수여천중락익(淸風動樹如千衆樂益)
13. 마니수류선설고공익(摩尼水流宣說苦空益)

14. 제악음성주제법음익(諸樂音聲奏諸法音益)
15. 사십팔원홍서원중영절삼도익(四十八願弘誓願中永絶三塗益)
16. 진금신색익(眞金身色益)
17. 형무미추익(形無美醜益)
18. 구족육통익(具足六通益)
19. 주정정취익(住正定聚益)
20. 무제불선익(無諸佛善益)
21. 수명장원익(壽命長遠益)
22. 의식자연익(衣食自然益)
23. 유수중락익(唯受衆樂益)
24. 삼십이상익(三十二相益)
25. 무유실여인익(無有實女人益)
26. 무유소승익(無有小乘益)
27. 이제팔난익(離諸八難益)
28. 득삼법인익(得三法忍益)
29. 신유광명주야상광익(身有光明晝夜常光益)
30. 득나라연역익(得那羅延力益)

8. 태궁(胎宮)

태(胎)는 태생(胎生)이요 궁(宮)은 궁전(宮殿)이니 불지(佛智)의 불가사의(不可思議)를 의혹하는 행자가 자력으로 선(善)을 닦아 왕생을 원하면 저 정토에 왕생하되 연화 중에 포함되어 낳지 못하는 것이 마치 사람이 태중에 있어서 암둔(闇鈍)함과 같으므로 태생이라 하며 스스로 궁전 중에 머무름과 같이 생각하므로 궁전이라 한다.

무량수경(無量壽經)에 의하면 "만약 어떤 중생이 의혹하는 마음으로 모든 공덕을 닦아서 저 나라에 낳기를 원하고 부처님의 지혜를 의혹하여 믿지 아니하면서도 오히려 죄와 복을 믿으며 선본(善本)을 닦아서 그 나라에 낳기를 원하면 이 중생들이 저 궁전에 낳아서 500세가 되도록 부처님을 뵈옵지 못하며 경법(經法)도 듣지 못하며 보살 성문(聲聞)의 성중(聖衆)도 볼 수 없으므로 이것을 태생이라 하거니와, 만약 중생들이 부처님의 여러 지혜(諸智)를 믿고 모든 공덕을 지어 신심으로 회향하면 이 중생들이 칠보화(七寶華) 중에서 자연히 화생하여 가부좌(跏趺坐)하고 잠깐 동안에 신상광명(身上光明)과 지혜공덕이 구족 성취하리라." 하였다.

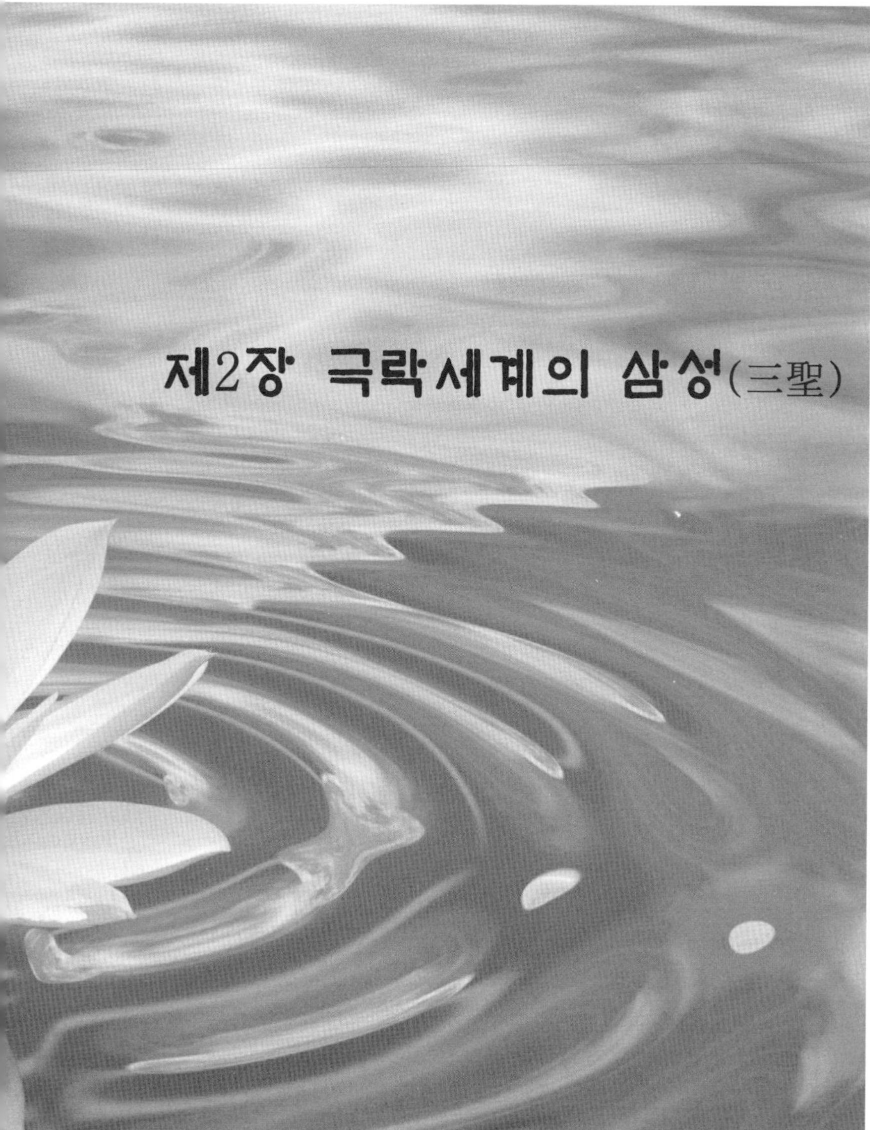

제2장 극락세계의 삼성(三聖)

1. 삼성(三聖)의 인행(因行)

삼성(三聖)은 극락세계의 교주(敎主)이신 아미타불과 그 왼편에 계신(左脇侍) 관세음보살님과 오른편(右脇侍)에 계신 대세지보살님을 말함이니 그의 인행(因行)에 다음과 같은 일이 있었다.

지나간 겁에 용진왕이 산에 들어가서 도를 닦을 때에 신하의 두 딸인 녹파나와 세택가가 따라 들어가서 도를 배웠으니 왕은 지금의 아미타불이시고 녹파나는 관세음보살이시고 세택가는 대세지보살이시다.

2. 삼성과 석가모니불과의 인행(因行)관계

삼성과 석가모니불과의 인행(因行)시의 관계된 사적의 한 예를 들면 다음과 같다.

지나간 겁에 한 세계가 있었으니 이름이 산제람(刪堤嵐)이요, 겁(劫)의 이름은 선지(善持)이다. 그때에 한 전륜성왕이 있었으니 그 이름이 무쟁념(無諍念)인데 이 분이 곧 아미타불이시고, 그때의 대신의 이름은 보해(寶海)이니 이 분이 곧 석가모니불이시고, 보해의 아들이 출가하여 성불(成佛)하니 이 분이 곧 보장여래(寶藏如來)이시다.

전륜성왕의 제일태자(第一太子)는 불순(不眴)이니 이 분이 곧 관세음보살이시고, 제이왕자(第二王子)는 니마(尼摩)이니 이 분이 곧 대세지보살이시다. 제삼왕자(第三王子)는 왕중(王衆)이니 곧 문수보살(文殊菩薩)이시고, 제팔왕자(第八王子)는 민도(泯圖)이니 이 분이 곧 보현보살(普賢菩薩)이시다.

전륜성왕이 보해의 지도로 보장여래 앞에서 정토에 성불하기를 발원하였고 왕의 천명의 아들과 팔만사천의 소왕(小王)들도 보해의 지도로 발심하지 아니한 이가 없고, 또 보해의 팔십 명의 아들과 삼억 제자들도 보해의 지도로 발심하였으니 현겁(現劫) 때의 천불(千佛)과 당래(當來)의 미륵불(彌勒佛)도 보해의 제자이다.

* 비화경(悲華經)

전륜성왕과 보해가 모두 보장여래에게 성불하려는 발원을 하였는데 전륜성왕은 청정장엄세계(淸淨莊嚴世界)에서 성불하여 일체 중생을 제도하기를 발원하시고 정토 극락세계에서 성불하여 아미타불이 되시고, 보해는 오탁고뇌세계(五濁苦惱世界)에서 성불하여 일체 중생을 교화하기를 발원하고 예토(穢土) 사바세계에서 성불하여 석가모니불이 되시었다.

3. 아미타불(阿彌陀佛)

(1) 아미타불 인행시의 사적(事蹟)

아미타불이 무량겁 중 인지(因地)수행 시에 전륜성왕, 국왕, 왕자, 비구, 보살 등이 되셨는데 그 사적 중 몇 가지 예를 들면 다음과 같다.

(가) 지나간 겁에 월계불(月髻佛) 때에 전륜성왕이 있으니 이름이 혜기(慧起)인데, 선(善)을 닦아 복전(福田)을 심었으니 전륜성왕이 곧 아미타불이시다.[지인경智印經]

(나) 지나간 겁에 사자유희금광불(獅子遊戲金光佛) 때에 한 국왕이 있었으니 그 이름이 승위(勝威)인데 부처님께 공양하고 선정(禪定)을 닦았는데 국왕이 곧 아미타불이시다.[여환삼마지무량인법문경如幻三摩地無量印法門經]

(다) 지나간 겁에 전륜성왕이 있었으니 이름이 지화(持火)요, 태자의 이름은 승공덕(勝功德)인데, 출가하여 불법을 수행 하였다.

태자는 곧 아미타불이시다.[일향출생보살一向出生菩薩]

(라) 지나간 겁에 무구염칭기왕불(無垢焰稱起王佛) 때에 정명비구(淨命比丘)가 제경(諸經) 십사억(十四億) 부(部)를 가지고 중생의

원요(願樂)에 따라서 널리 설법 하셨다.

정명비구(淨命比丘)가 곧 아미타불이시다.[대승방등총지경大乘方等總持經]

(마) 지나간 겁에 산상불(山上佛)이 멸도(滅度) 하신 뒤에 명상보살(明相菩薩)이 삼천대천세계(三千大天世界)에서 널리 사리보탑(舍利寶塔)을 세웠다. 이 보살이 곧 아미타불이시다.[대법거다라니경大法炬陀羅尼經]

(2) 아미타불과 석가모니불과의 인행관계

아미타불과 석가모니불의 인행 시에 관계된 사적의 예를 들면 다음과 같다.

(가) 지나간 겁에 대통지승여래(大通智勝如來)때에 16왕자가 출가하여 모두 성불하였으니 제9왕자는 아미타불이시고, 제16왕자는 석가모니불이시다. [법화경法華經]

(나) 지나간 겁에 성리혜여래(成利惠如來) 때에 한 국왕이 있었으니 이름이 염의(焰意)요, 그 태자의 이름은 복염(福焰)이니 왕이 태자와 함께 불법을 수행하였는데 국왕은 아미타불이시고, 태자는 석가모니불이시다.[보적경寶積經]

(다) 지나간 겁에 길의여래(吉義如來) 때에 한 국왕이 있었으니 그 이름이 액진무(額眞無)요, 그 태자의 이름은 덕광(德光)이니

왕이 태자와 함께 불법을 수행하였으니 국왕은 아미타불이시고, 태자는 석가모니불이시다.

(라) 지나간 겁에 수달(首達)이라는 연장자가 있었는데 그 제자 중에 유선(惟先)이라는 제자가 6만 인을 교화하고 지혜와 용맹이 있는 것을 보고 모두들 숭배하려 하니 수달이 여러 학자에게 말하기를 "유선은 나이 어리고 지혜가 적다" 하고 유선을 비방하였으므로 수달이 지옥고(地獄苦)를 받았으니 수달은 아미타불이시고, 유선은 석가모니불이시다.[불설생경佛說生經]

(3) 아미타불 성불의 내력

보장여래(寶藏如來)께서 무쟁념전륜성왕(無諍念轉輪聖王)을 위하여 정법(正法)을 설하시니 왕이 여래와 성중을 청하여 석 달 동안을 공양 하였고 또 불순태자(不純太子), 니마왕자(尼摩王子) 등 천분의 왕자들도 여래께 공양하면서 350세를 지냈으니 모두 보해(寶海)가 전륜성왕과 왕자와 무량중생에게 권하여 보리심을 발하게 하였다.

이때에 보장여래가 삼매(三昧)에 들어 대광명(大光明)을 놓으시어 시방세계를 비치시니 오탁예악(五濁穢惡)의 세계도 있고 혹은 청정 미묘한 세계도 있는지라 전륜성왕이 보장여래께 이렇게 여쭈었다.

"모든 보살들이 무슨 업(業)으로 인하여 청정세계를 취하며 무슨 업으로 인해서 부정세계(不淨世界)를 취하나이까?" 하였더니, 여래께서 "보살의 원력으로 청정국을 취하기도 하고 예악(穢惡)

국토를 취하기도 하느니라" 하셨다.

왕이 "내가 이제 진실하게 보리도(菩提道)를 행하여 부정한 국토를 취하려 하지 아니하기를 원하오니 내가 성도(成道) 할 때에는 내 국토가 청정하여 모든 냄새와 더러운 기운이 없을 뿐 아니라 지옥 아귀 축생도 없고 중생들이 모두 금색이며 여인이 없고 한 번 화생한 후에는 수명이 무량하며, 또 다른 세계의 중생들이 내 이름을 듣고 모든 선의 근본을 닦아서 내 국토에 낳기를 원하는 이는 그 목숨이 마친 뒤에 와서 반드시 낳게 되기를 원하나이다. 그러나 오역(五逆)을 지었거나 성인을 비방하거나 정법을 파괴한 이는 제외할 것입니다" 하였다.

왕이 이와 같이 깊은 원을 발한 뒤에 부처님께 수기(授記)해 주시기를 청하였다.

여래께서는 "서방으로 백천만억 불토(佛土)를 지나서 존음왕여래(尊音王如來)의 세계가 있으니 청정한 장엄이 너의 소원과 같으니라. 저 부처님이 입멸(入滅)하신 뒤에 또 세 부처님이 나셨다가 입멸하시고 그 후에 제1 항하사아승기겁(恒河沙阿僧祇劫)을 지내고 제2 아승기겁에 들어갈 때에는 그 세계를 안락(安樂 곧 極樂)이라 할 것이고, 너는 이때에 성불하여서 무량수여래(無量壽如來)가 되리라" 하셨다.

그 다음에 제일태자 불순과 제이왕자 니마도 대원(大願)을 발하니 부처님께서 장래에 성불하리라는 수기를 주셨다.

지나간 겁에 정광여래(錠光如來)가 세상에 나시고 그 다음에 또 다른 부처님이 차례로 나시고 하여 차례로 52부처님이 나시고 그 다음에 53번째 부처님이 나셨는데, 그 이름이 세자재왕여래(世子在王如來)이시다.

이때에 한 국왕이 있었는데 그 국왕이 부처님의 설법을 듣고 마음에 기뻐하여 나라와 왕위를 버리고 출가하여 법장비구(法藏比丘)가 되었다. 법장비구는 부처님께 여쭈기를 "제가 무상보리(無上菩提)의 마음을 발하였사오니 경법(經法)을 많이 연설하여 주시기를 원하나이다. 제가 마땅히 수행하여 청정한 묘토(妙土)를 취하려 하오니 저로 하여금 속히 정각(正覺)을 이루어서 중생의 생사와 고의 근본을 뽑아 버리게 하옵소서."

세자재왕불께서 이백이십억이나 되는 모든 불국토의 추하고 묘한 것을 말씀하시고 그 심원대로 이 여러 세계를 모두 보게 하셨더니 법장비구는 5겁(劫) 동안이나 여러 부처님의 청정한 국토와 행을 생각한 뒤에 그 가운데서 고르고 골라 취하여 부처님 앞에서 48원을 세웠다.

이때에 대지가 진동하며 하늘에서 꽃비가 내리고 공중에서 소리하기를 "결정코 무상정각을 이루리라" 하였다.

법장비구는 이때부터 불가사의 조재영겁에 무량의 덕행을 닦아 모은 후에 그 원이 만족하여 정각을 이루었으니 이름이 무량수불이고, 그 세계는 극락세계라 부르니 즉 여기서 서방으로 십만억 불토를 지나가서 그 세계가 있고 성불하신 지는 10겁이 되며 지금도 그 세계에서 설법하시는 중이라 한다.

왕자성거사의 예념미타도량참법에 의하면 법장비구가 세운 48팔원은 다음과 같다.

1. 악취무명원(惡趣無名願)

2. 무타악도원(無墮惡道願)
3. 동진금색원(同眞金色願)
4. 형모무차원(形貌無差願)
5. 성취숙명원(成就宿命願)
6. 생획천안원(生獲天眼願)
7. 생획천이원(生獲天耳願)
8. 보지심행원(普知心行願)
9. 신족초월원(神足超越願)
10. 정무아상원(淨無我相願)
11. 결정정각원(決定正覺願)
12. 광명보조원(光明普照願)
13. 수량무궁원(壽量無窮願)
14. 성문무수원(聲聞無數願)
15. 중생장수원(衆生長壽願)
16. 개획선명원(皆獲善名願)
17. 제불칭찬원(諸佛稱讚願)
18. 십념왕생원(十念往生願)
19. 임종현전원(臨終現前願)
20. 회향개생원(回向皆生願)
21. 구족묘상원(具足妙相願)
22. 함계보처원(咸階補處願)
23. 신공타방원(晨供他方願)
24. 소수만족원(所須滿足願)
25. 선입본지원(善入本智願)
26. 나라연력원(那羅延力願)
27. 장엄무량원(莊嚴無量願)

28. 보수실지원(寶樹悉知願)
29. 획승변재원(獲勝辯才願)
30. 대변무변원(大辯無邊願)
31. 국정보조원(國淨普照願)
32. 무량승향원(無量勝香願)
33. 몽광안락원(蒙光安樂願)
34. 성취종지원(成就總持願)
35. 영리여신원(永離女身願)
36. 문명지과원(聞名至果願)
37. 천인경례원(天人敬禮願)
38. 수의수념원(須衣隨念願)
39. 재생심정원(纔生心淨願)
40. 수현불찰원(樹現佛刹願)
41. 무제근결원(無諸根缺願)
42. 현증등지원(現證等持願)
43. 문생호귀원(聞生豪貴願)
44. 구족선근원(具足善根願)
45. 공불견고원(供佛堅固願)
46. 욕문자문원(欲聞自聞願)
47. 보리무퇴원(菩提無退願)
48. 현획인지원(現獲忍地願)

법장비구가 세운 48원 중 제18원은 이러하다.

"설혹 내가 성불하더라도 시방중생들이 지극한 마음으로 신요(信樂)하고 내 나라에 나고자하여 내 이름을 염하기를 열 번을 하고라도 만일 내 나라에 나지 못하면 나는 정각(正覺)을 취하지 아니 하겠나이다. 다만 오역(五逆)과 정법(正法)을 비방한 이는 제외할 것이니라.”

(4) 아미타불과 석가모니불의 국토

아미타불과 석가모니불의 보신토(報身土)와 화신토(化身土)는 다음과 같다.

불신(佛身)을 세 가지로 나누니 법신(法身) 보신(報身) 응신(應身)이다.

법신(法身)은 법(法)은 진여(眞如)이니 진여의 이체(理體)가 증현(證顯)된 부처님의 진신(眞身) 곧 빛깔도 형상도 없는 본체신(本體身: 본바탕의 몸)을 말함이요.

보신(報身)은 인위(因位)에서 지은 한량없는 원행(願行)에 과보로 나타난 상호장엄(相好莊嚴)의 불신(佛身)을 말함이며,

응신(應身, 應化身)은 중생을 화도(化度)하기 위하여 여러 가지로 응현(應現)하는 몸을 말함이다.

응신을 다시 응신(應身) 화신(化身)으로 분별하면 이천오백여년전에 인도에 출현하신 석가모니불은 응신이고 부처님 형상이 아닌 인(人), 천(天), 귀(鬼), 축(畜) 등으로 소화(所化)의 류(類)에 따라서 화현하는 비불형(非佛形)의 몸은 화신(化身)이라 한다.

阿彌陀佛의 報身土 - 극락세계
化身土 - 청태국

釋迦牟尼佛의 報身土 - 무승장엄국
化身土 - 사바세계

아미타불의 화신토인 청태국(淸泰國)은 성왕(聖王)의 주소(住所)니 그 성(城)의 종광(縱廣)이 십천 유순(由旬)이다.

그 가운데 찰제리종(刹帝利種)이 가득하게 차고 부(父)는 월상전륜왕(月上轉輪王)이고, 모(母)는 수승묘안(殊勝妙顔)이며, 장자(長子)는월명(月明), 봉사제자(奉事弟子)는 무구칭(無垢稱), 지혜제자(智慧弟子)는 현광(賢光)이라 하였다.

석가모니불의 보신토인 무승장엄국(無勝莊嚴國)은 사바세계에서 서방으로 사십이 항하사(恒河沙) 등의 많은 부처님 국토를 지나서 한 세계가 있으니 무승(無勝)이라 칭한다. 그 국토를 어찌하여 무승이라 하는가? 그 국토에 있는 장엄하고 아름다운 것들이 모두 평등하여 고하(高下)가 없는 것이 극락세계와 같고 또 동방(東方)의 만월세계(滿月世界)와 같다. 내가 그 세계에 출현하여 중생을 교화하기 위하여 이 세계의 염부제(閻浮提) 중에서 현(現)에 법륜(法輪)을 전(轉)한다 하였다.

(5) 석가모니불의 홍은(鴻恩)

중생들이 아미타불의 성호(聖號)인 만덕홍명(萬德洪名)을 일심(一心)으로 억념(憶念: 깊이 생각에 잠김)하면 임종시(臨終時)에 극락세계에 왕생하게 된다. 그 이유는 아미타불의 48원 중에 "중생이 내 나라에 나려 하는 이가 내 이름을 열 번만 염하면 임종 할 때에 내 나라에 나서 뛰어나게 기묘한 락을 받으며 수명이 무량하리라" 하셨으니 부처님의 이 서원이 있는 까닭으로, 중생들이 염불하면 곧 왕생하게 되는 것이니, 이것은 아미타불의 원력에 의한 것이요 중생의 자력이 아니다. 자력은 성취하기가 어렵고 불력에 의하여야 성취하기가 쉬운 것이다.

아미타불의 성호를 염하여 극락정토에 왕생하는 일은 석가모니불이 말씀하시지 아니하셨으면 중생들이 알지 못하였을 것인데 석가모니불께서 정토삼부경(淨土三部經) 등을 말씀하시고 염불을 권장하셔서 중생들이 이 염불법문을 알게 되었으며 간단한 이 묘법으로 인하여 오랜 세월과 한량없는 고난을 겪지 아니하고 일생 중에 왕생 성불할 수 있게 되었으니, 우리는 일심으로 염불하여 극락세계에 왕생하는 것으로 석가모니불의 큰 은혜에 보답하여야 할 것입니다.

(6) 현교(顯敎)와 밀교(密敎)와의 구별

석가모니불이 말씀하신 대소승경전(大小乘經典)을 다 현교라 한다. 이것은 중생의 근기(根機)에 따라 설법하신 것인데, 그 이유가 현연(顯然)하여 알기 쉬우므로 현교라 하며, 대일여래(大日如來)가 말씀하신 금강계(金剛界), 태장계(胎藏界)의 양부(兩部)를 다 밀교(密敎: 대일여래가 자기 내증의 법문을 개설한 비밀하고 심오한 진실의 교법)라 한다. 이것은 여러 부처님이 내증(內證)하신 경계이니 등각보살(等覺菩薩)도 알 수 없으므로 밀교라 하니 즉 진언종(眞言宗)입니다.

(7) 밀교에서 말하는 아미타불의 명칭

밀교에서는 아미타불을 무량수불, 무량광불이라 하는 외에 또 감로왕이라고도 칭하고 무량수불을 법신(法身), 무량광불을 보신(報身), 감로왕을 응신(應身)이라 하였으며 또 관자재왕(觀自在王)이라고도 칭한다.

(8) 아미타불의 상형(像形)과 인상(印相)

아미타불의 색신상(色身像)은 관무량수불경(觀無量壽佛經)에 말씀하셨거니와 그 상형과 인상이 현교와 밀교가 각각 다르다. 현교에는 좌상 입상의 구별이 있고, 밀교에는 금강계와 태상계의 구별이 있다.

현교에는 좌상 입상이 다 라발(螺髮)의 출가형(出家形)이요, 밀교에서는 좌상은 금강계, 태장계의 양부가 모두 정인(定印)을 맺었으니 이것은 미타성도자리(彌陀成道自利)의 상(相)이요. 입상은 이 정인을 분리하여 상하로 나누어 오른손을 들고 왼손을 내리시니, 이것은 관무량수경(觀無量壽經)에 말씀하신 것과 같이 공중에 머물러 서 계신 아미타불이니 중생을 맞아서 정토로 접인 하시는 화타(化他)의 모습이다.

밀교에서는 금강계의 좌상은 보관형(寶冠形)으로 정인을 맺으신 모습이고, 태장계의 좌상은 라발형으로 정인을 맺고 두 눈을 조금 감고 아래를 보시는 모습이다.

지금 인도에 남아있는 불상을 보면 중인도에는 라발형의 불상이 많고 북인도 건태라지방의 불상에는 대개 파상(波狀) 모양이 있는데, 한국, 중국, 일본에서는 라발형의 불상을 모신다.

(9) 나무아미타불(南無阿彌陀佛)의 해석

나무아미타불(南無阿彌陀佛)의 나무(南無)는 나모(南謨 南模 南牟), 나마(南摩), 나망(南忙), 납막(納莫), 납모(衲慕), 낭막(曩莫), 낭모(曩謨)라고도 쓰며 귀명(皈命), 귀의(歸依), 귀투(歸投), 귀례(歸禮), 예배(禮拜), 경례(敬禮), 신종(信從), 계수(稽首), 굴슬(屈膝), 구제(救濟)구아(救我), 도아(度我)라 번역한다.

귀명(皈命)의 귀(皈)는 백(白)으로 돌이킨(反)다는 뜻이니 곧 물들은(染) 것을 돌이켜서 정(淨)을 이룬다는 뜻이다.

또 귀명에서 세 가지 해석이 있다.

(1) 나의 신명(身命)을 던져 불타(佛陀)에 귀취(歸趣)하는 뜻이요

(2) 부처님의 교명(教命)에 귀순(歸順)하는 뜻이고,

(3) 명근(命根)으로써 일심(一心)의 본원에 환귀(還歸)하는 뜻이니 곧 중생의 육근(六根)이 일심으로부터 생겨서 그 근원을 배반하고, 육진(六塵)으로 나타나서 팔만사천의 진로(塵勞)를 일으키는 것이므로 이제 명근으로서 육근을 통틀어 거두어들여 그 일심의 근본으로 돌아가게 하는 것이므로 귀명이라 한다.

통틀어 말하면 중생이 불타를 향하여 지심(至心)으로 귀의 신순(信順)하는 것이다.

아미타불의 아미타(阿彌陀)는 범어(梵語)로 두 이름이 있다.

하나는 아미타유사(阿彌陀臾斯)니 무량수(無量壽)라 번역하고, 다른 하나는 아미타바(阿彌陀婆)니 무량광(無量光)이라 번역한다.

무량수(無量壽)는 아미타불의 수명이 무량무변(無量無邊) 아승기겁(阿僧祇劫)이니 곧 아미타불의 수명은 한량이 없어서 수로 계산할 수도 없는 까닭으로 무량수라 한다.

불수(佛壽)에는 법신수(法身壽), 보신수(報身壽), 응신수(應身壽)의 세 가지가 있다.

법신수는 빛도 없고 형상도 없이 삼제(三際)에 통하므로 무시무종(無始無終) 즉, 시초도 없고 종말도 없어서 수량(壽量)의 장단을 말할 수 없는 것이요.

보신수는 인위(因位)에서 지은 한량없는 원(願)과 행(行)의 과보로 나타난 만덕(萬德)이 원만한 불신이므로 한 번 얻으면 유시무종(有始無終) 즉, 시초는 있고 종말은 없는 것이니 수(壽)가 무량(無量)이고,

응신수는 왕궁에 탄생하셨다가 쌍림(雙林)에 열반하신 석가모니불과 청태국(靑泰國)의 아미타불과 같이 중생을 교화하시려는 부처님이 중생의 기류(機類)에 따라 나타내시는 몸이므로 유시유종(有始有終) 즉, 시초도 있고 종말도 있어서 수량(壽量)에 기한이 있는 것이다,

불명경(佛名經)에 의하면 응신불(應身佛)의 수명이
월면불(月面佛)은 1일 1야,
일면불(一面佛)은 천팔백 세(歲)
묘성분성불(妙聲分聲佛)은 육십백 세

지자재불(智自在佛)은 십이천 세
범면불(梵面佛)은 이십이천 세
대중자재불(大衆自在佛)은 육십천 세
위덕자재불(威德自在佛) 칠십육천 세
마혜수라불(摩醯首羅佛) 일억 세
범성불(梵聲佛)은 십억 세
또 현겁(賢劫)의 7불(佛)인
비사부불(毘舍浮佛)은 이천 겁(劫)
시기불(尸棄佛)은 육십천 겁
비바시불(毘바尸佛)은 팔십천 겁
구류손불(拘留孫佛)은 십사 소겁
가섭불(迦葉佛)은 이십 소겁
구나함모니불(痀那含牟尼佛)은 삼십 소겁
석가모니불(釋迦牟尼佛)은 일백 년이라 하였다.

무량광(無量光)은 아미타불의 광명이 무량(無量)하시고 장애 없이 시방국(十方國)에 두루 비친다는 뜻이다.

광명에 두 가지가 있으니 하나는 신광(身光: 즉 몸광 또 외광外光, 색광色光이라고도 한다)이니 몸에서 나는 광이요, 다른 하나는 심광(心光 즉 마음광 즉 내광內光, 지혜광智慧光이라고도 한다)이니 심지(心地)가 명랑한 것인데 불보살의 광명의 지혜로써 나오므로 지혜가 광명이요 광명이 지혜다.

또 광명에 상광(常光)과 방광(放光 또는 현기광現起光이라고도 한다)이 있으니 상광은 불보살의 머리나 몸에 항상 있는 원광(圓光)이요, 방광은 필요한 때에 임시로 놓으시는 광이니 가령 발 무릎

배꼽, 마음 입 눈썹 사이 등에서 놓으시는 광 같은 것인데

부처님께서 발 아래로 놓으시는 광은 지옥도(地獄道)에 비추어 유익(有益)하게 하시는 것이요,

무릎에서 놓으시는 광은 축생도(畜生道)를,

음장(陰藏)에서 놓으시는 광은 귀도(鬼道)를,

배꼽은 아수라도(阿修羅道)를,

심장은 인도(人道)를,

입은 이승(二乘) 사람을,

눈썹 사이는 대승(大乘)사람이라 한다.

불(佛)은 불타(佛陀)를 약한 말이요 또 부타(浮陀, 部陀), 부도(浮圖, 浮屠), 부두(浮頭), 발타(勃陀), 발타(勃馱), 모타(母陀), 몰타(沒陀), 몰타(沒馱)라고도 하며 각자(覺者) 지자(智者)라 번역한다.

각자(覺者)의 각(覺)에는 각찰(覺察), 각오(覺悟)의 두 뜻이 있으니

(1) 각찰(覺察)은 번뇌를 깨달아 살펴서 해(害)하지 않게 하는 것이 세상 사람이 적(敵) 있는 것을 각지(覺知)하는 것과 같은 것이니 이것을 일체지(一切智)라 한다.

(2) 각오(覺悟)는 제법(諸法)의 사리(事理)를 각지(覺知)하여 요료(了了)분명한 것이 잠이나 꿈을 깨어나는 것과 같은 것이니 이것을 일체종지(一切種智)라 말한다.

스스로 깨달으며 또는 능히 다른 이를 깨닫게 하여 자타(自他)의 각행(覺行 곧 스스로 깨닫고 자비로 행하는 것)이 아주 부족함이 없는 것을 불(佛)이라 칭하니, 즉 자각(自覺)은 범부와 다르고 각

타(覺他)는 이승(二乘)과 다르며 각행(覺行)이 아주 부족함이 없는 것이 보살과 다른 것을 말한 것이니, 그 이유는 범부는 자각할 수 없고 이승은 자각하되 각타의 행(行)이 없고 보살은 자각하되 각행이 원만하지 못한 것이다.

지자(智者)는 이지(二智)를 충분히 갖추어 일체제법(一切諸法)을 각지(覺知)하는 것이 분명한 까닭으로 지자(智者)라 하며 세 가지의 지혜가 있다.

(1) 일체제법(一切諸法)의 총상(總相)을 개괄적으로 아는 지혜인 **일체지(一切智)**와

(2) 중생을 교화하기 위하여 능히 화도(化道)의 종류와 차별을 아는 지혜인 **도종지(道種智 또는 化道智, 薩智)**와

(3) 일체만법(一切萬法)의 별상(別相)을 낱낱이 정밀하게 아는 지혜인 **일체종지(一切種智)**의 삼종이 있다.

4. 관세음보살

(1) 관세음보살의 명칭과 의의

관세음은 구역이며 '관음' 또는 '광세음'이라 하며 신역에서는 '관세자재' 또는 '관자재'라 한다. '관세음'이란 뜻은 세상 사람이 부르는 소리를 관하여 고통을 구한다는 뜻인데 화엄경탐현기(華嚴經探玄記)에서는 "세간을 보고 소리를 따라서 고통을 구한다" 하였고, 법화현찬(法華玄贊)에서는 "삼업(三業)의 귀의(歸依)를 보고 중생의 고를 빼어준다" 하였다. 관음(觀音)은 관세음(觀世音)의 세자를 생략한 것이요, 광세음(光世音)은 보살의 신광(身光)이 중생에게 비친다는 뜻이고, 관세자재(觀世自在)는 세계를 보아서 고를 빼고 낙을 주는 것이 자재(自在)하다는 뜻이요, 관자재(觀自在)는 관세자재(觀世自在)를 줄인 것이다.

(2) 천관(天冠) 중의 화불(化佛)

관세음보살의 색신상(色身相)은 관무량수경에(觀無量壽經)에 천관(天冠) 중에 서 있는 화불이 있으니 높이가 25유순(由旬)이라 하였는데, 존각(存覺)의 보은기(報恩記)에는 관음은 사장(師長)의 은덕(恩德)이 무거운 것을 표하여 아미타를 이고 있는 것이다 하였다.

(3) 관세음보살의 인지(因地)

관음삼매경(觀音三昧經)에 말씀 하시기를 관음이 나(석가모니불)보다 먼저 성불하여 정법명왕여래(正法明王如來)가 되고 나는 고행 제자가 된 일이 있었는데,이 보살의 대비원력으로 일체 보살을 발기하고 모든 중생을 성숙하기 위하여 현재의 보살이 되었다고 하였다.

*

지나간 겁에 아미타불이 용진왕으로 계실 때에 시녀(侍女)이던 녹파나가 곧 관세음보살이시다.

*

지나간 겁에 한 임금이 있었으니 이름이 장엄이시고 왕비는 보응이며 삼녀가 있으니, 첫째는 묘안이고 둘째는 묘음이고 셋째가 묘선이니 묘선이 곧 관세음보살이시다.

*

지나간 겁에 천광왕정주여래가 출세(出世)하여 대비심대다라니를 설하고 금색 손으로 관세음보살의 정수리를 만지시면서 네가 심주(心呪)를 가지고 미래악세(未來惡世)에서 일체 중생을 위하여 이락(利樂)을 지어라 하였다. 이때에 관세음보살은 초지(初地)보살로서 주문을 듣고 곧 뛰어서 제8지보살이 되었다.

*

지나간 겁에 남섬부주(南贍部洲)에 한 국왕이 있었으니 이름이 선수(善首)요, 태자의 이름은 선광(善光)이었다. 이때에 공왕관세음불이 출세 하였는데 선광태자가 부처님께 여쭈기를 “제가 무수겁(無數劫)이래로 삼독(三毒)이 덮이어 악업을 많이 짓고 생사에 끊임없이 변천하다가 비로소 부처님 광명이 제 몸에 비침을 만나 생사고(生死苦)를 깨닫고 열 가지 비원을 발하였사오니 제가 미래세에 관세음이라 하고 일체 세계에서 일체신(一切身)을 나타내어 일체 중생의 고통 받는 것을 구하겠나이다." 하였으니 선광태자는 곧 관세음보살이시다.

*

지나간 겁에 금강사자유희여래가 출세 하시니 그때에 나라 이름이 무량덕취안락시현이요, 임금은 위덕(석가모니불)이다. 이 임금이 정원에서 삼매에 들었을 때에 좌우 땅에서 연화가 솟아나고 꽃 가운데에 두 동자가 화생하여 가부좌하고 앉았으니 하나는 보의요, 하나는 보상이다. 보희는 곧 관세음보살이시다.

(4) 관세음보살의 사호(賜號)와 성불의 수기

지나간 겁에 무쟁념전륜왕의 태자인 불순이 즉 지금의 관세음보살이신데, 그때에 대비(大悲)의 원을 세우니 보장불이 수기 하시기를 "네가 일체 중생을 보고 대비심을 내어 그들의 모든 고뇌와 번뇌를 끊고 중생으로 하여금 안락에 머무르게 하려 하기에 이제 너를 관세음이라 이름하고 무량수불이 열반 한 후에 그 국토를 일체 진보소성취세계라 할 것이고 네가 성불하여 변출일체광명공덕산왕여래라 칭하리라" 하셨다. [悲華經]

지나간 겁에 금강사자유희여래 때에 연화에 화생한 보희(관세음보살), 보상(대세지보살) 두 동자가 여래의 설법을 듣고 보리심을 발하니 성덕왕(석가모니불)이 열반하신 후에 관세음보살이 정각을 이루어 국토를 중보보집장엄이라 하고 불호는 보광공덕산왕여래라 칭하리라 하셨다. [觀世音得大勢菩薩授記經]

(5) 관세음보살의 각종 형상과 변화분신(變化分身)

관세음보살은 정관음 외에 여러 가지의 형상이 있으니 육관음, 팔관음, 십오관음, 삼십삼관음 등이 있고 또 여러 가지 변화신을 나타내는데 여인상을 많이 나타내는 까닭으로 세상 사람들이 이 보살의 근본이 여신인 줄 오해하기도 한다. 여인상을 나타내는 것은 중생과 접근하시기에 편리하도록 함이며, 중국에서는 당나라 이후부터 여인상으로 조성 하였다. 이 변화신에 대하여는 능엄경(楞嚴經)에는 32응신을 말하고 법화경에는 33신을 말하였다.

(6) 관세음보살의 정토

인도의 남해안에 관세음보살의 주처(住處)가 있으니 보타낙가산인데 광명산 해도산 소화수산이라 번역하고 산의 모형은 팔각이다.

*

신역 화엄경에는 남방에 보타낙가산이 있고 그 산에 보살이 있으니 이름이 관자재요, 해상에 산이 있으니 성현이 많고 중보(衆寶)로 이루어져 극히 청정하고 꽃과 과일나무가 우거진 숲이 넓게 꽉 펴져 있으며 천류지소가 충분히 갖추어져 있으며 용맹한 장부 관자재가 중생을 이익 되게 하기 위하여 산에 머무르고, 그 서면에는 바위 골짜기 사이에 샘물이 흘러 형영(擤映)하며 나무가 우거져 울창하고 향내가 좋은 풀이 유연하며 오른편으로 돌아 땅에 널리 퍼져있고, 관자재보살이 금강보석 위에 결가부좌 하신다고 하였다.

*

화엄경 탐현기에는 남인도의 남변에 있는 산이 천축으로, 본명은 포다라산이니 바른 번역은 없고 뜻을 번역하여 소수만장엄산인데 소수화가 항상 광명이 있어서 대비광명보문시현을 표한다고 하였다.

*

서역기에는 말라야산 동쪽에 보타낙가산이 있으니 산경이 위험하며 바위 골짜기가 기울어지고 산길에 못이 있어 거울과 같이 맑으며 물이 흘러 산을 이십 번을 둘러 남해로 들어가며 못가에는 석천궁(石天宮)이 있어 관자재보살이 왕래하신다 하였고, 천수경에는 한 때에 석가모니불이 보타낙가산의 관세음궁전 보장엄도량 중에 계시다고 하였다.

5. 대세지보살

(1) 대세지보살의 명칭과 의의

범어로 마하나발을 '득대세' 또는 '대세지'라 번역하고 약하여 '세지'라 한다.

아미타불에 비지이문(悲智二門)이 있으니 관세음보살은 자비문(慈悲門)을 표하고 대세지보살은 지혜문(智慧門)을 표하는데, 이름을 대세지라 한 것은

첫째, 그의 큰 지혜가 모든 곳에 이르는 까닭이요

둘째, 지혜광으로써 모든 중생에게 널리 비치어 삼도(지옥, 아귀, 축생)를 여의고 무상력을 얻게 하는 까닭이요

셋째, 이 보살이 발을 들여 놓는 곳에 삼천대천세계와 마(魔)의 궁전이 진동하는 까닭이요

넷째, 세간의 국왕 대신과 같이 위세가 자재한 까닭이다.

즉 이 성자가 이와 같이 대비자재한 지위를 얻었으므로 이렇게 이름 하였다.

(2) 육계상(肉髻上)의 보병(寶甁)

대세지보살의 색신상은 관무량수경에 육계 위에 있는 보병에는 모든 광명을 담아서 불사(佛事)를 나타낸다 하셨고, 또 존각의 보은기(報恩記)에는 세지는 부모의 은혜가 막중한 것을 표현하여 보병 중에 전생부모의 유골을 넣었다고 하였다.

(3) 대세지보살의 인지(因地)

대세지보살이 항하사겁 전에 초일월광불께 염불삼매를 배워 닦으시고 항상 이 세계에서 염불하는 중생을 섭취하여 정토에 왕생하게 하신다는 것은 능엄경(楞嚴經) 중에 보살이 말씀하셨으니 염불법문(念佛法門)을 전하신 시조(始祖)가 되시고 중국의 혜원 등은 중국 연종(蓮宗)의 초조(初祖)라 할 것이다.

*

지나간 겁에 아미타불이 용진왕으로 계실 때에 그 시녀이던 세택가가 곧 대세지보살이시다.

*

지난 겁에 무쟁념전륜왕의 제2왕자인 니마가 곧 대세지보살이다.

*

지나간 겁에 금강사자유희여래가 출세(出世)하였을 때 위덕왕이 정원에서 삼매에 들었을 때에 그 좌우 땅에서 솟은 연화중에 화생한 보상동자가 곧 대세지보살이시다.

(4) 대세지보살의 사호(賜號)와 성불의 수기

지나간 겁에 보장불이 무쟁념전륜왕의 제2 태자인 니마에게 수기(授記) 하시기를 네가 큰 세계를 취하려 하므로 너를 득대세라 이름하고 또 미래에 성불하여 선주진보산왕여래라 칭하리라 하셨다. [非華經]

*

지나간 겁에 금강사자유희여래 때에 두 동자가 연화에서 화생하여 부처님의 설법을 듣고 보리심을 발하였는데 석가모니불이 말씀하시기를 보상은 관세음보살이 열반 한 뒤에 성불하여 선주공덕보왕여래라 칭하리라 하셨다.

제3장 왕생(往生)의 예

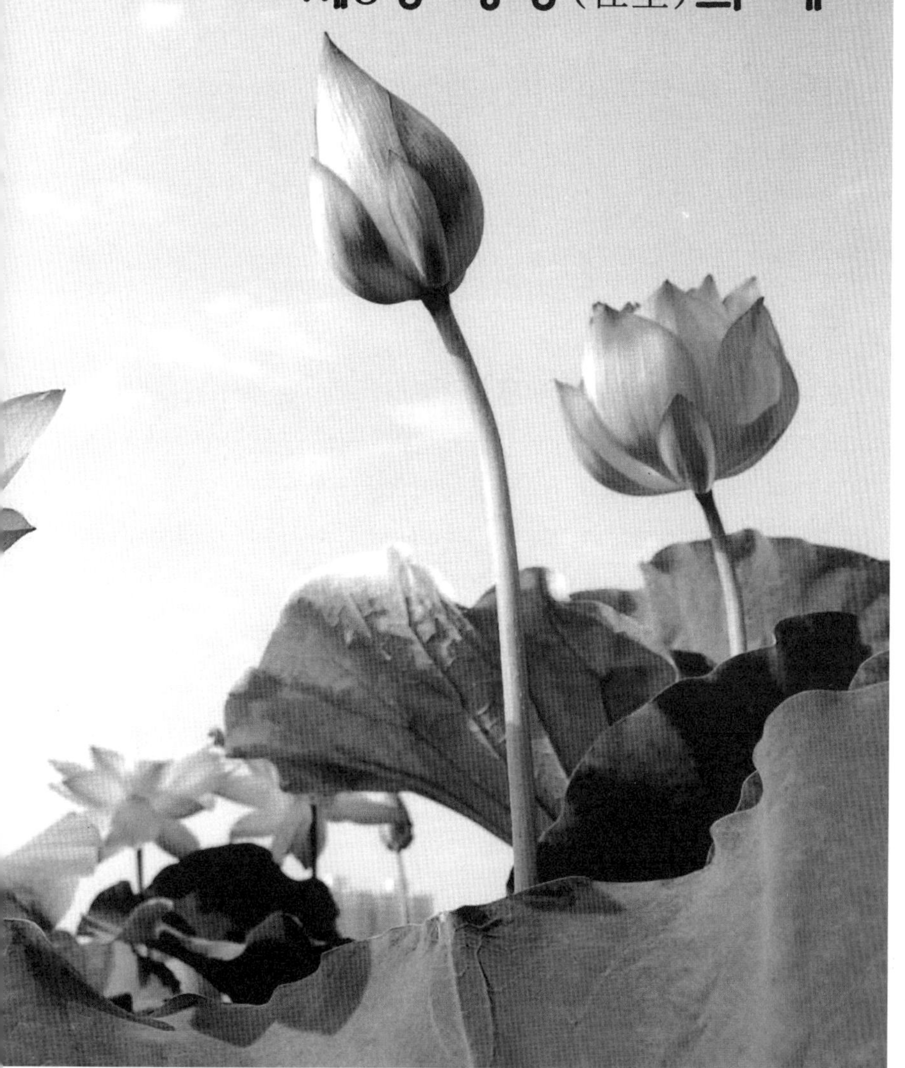

1. 아미타불을 친견한 실례

천축(인도의 옛 이름) 계두마사의 오통보살(五痛菩薩)이 신력(神力)으로 극락세계에 가서 아미타불을 뵈옵고 여쭈기를 사바세계의 중생이 정토에 나기를 원하오나 성상(聖像)을 뵈옵지 못하와 강림하시기를 바라나이다. 하니 부처님께서 "네가 먼저 내려가면 내가 따라 나타나리라" 하셨다. 오통보살이 돌아와 보니 성중이 이미 오셨는데 한 부처님과 오천 보살이 각기 연화에 앉으시고 또 나뭇잎 위에 계시었다. 이에 그 형상을 모사하여 전국에 널리 퍼뜨렸다.

*

중국 수나라 때에 승려 혜해(慧海)가 강도의 안락사(安樂寺)에 머물러 지성으로 염불하더니 승려 도전이 제주에서 아미타불상을 모시고 왔는데 그 미묘하고 정교함이 세간에 있지 아니한 것이라. 그 내력을 물은 즉 이것은 천축의 계두마사의 오통보살이 극락세계에 가서 그려 온 것이라 하니, 혜해가 감격하여 지성으로 예배하며 보니 신광이 찬란하게 비치었다. 이에 그 상을 본떠 그리며 극락에 왕생하기를 간절히 원하였는데 그 후에 대수롭지 않은 병이 있더니 밤에 문득 일어나 서쪽을 향하여 예배한 후에 가부좌하고 새벽에 화거(化去)하였는데 산 사람과 같았다. (往生集)

*

중국 당나라 때에 승려 법조는 연종의 제4조인데 대종의 대력

4년(서기769년)에 호동사에서 오회염불도량(五會念佛道場)을 개설하였는데, 이때에 상운이 가득히 덮이고 구름 속에 누각이 나타나며 아미타불과 관음, 세지 두 보살이 나타나서 허공에 가득하므로 형주 사람들이 분향하며 우러러 절 하였다.

*

중국 송대에 여인 기씨는 구용(句容) 갈제지의 처인데 대대로 선술(仙術)을 배웠으나 기씨는 홀로 불법을 좋아하여 성심으로 염불하였다. 하루는 베를 짜다가 머리를 들어 하늘을 보니 공중이 청명하고 문득 보개(寶蓋) 당번(幢幡)이 서방으로부터 오는데 그 가운데에 부처님이 계시고 금색광명이 찬란하게 비치므로, 기씨는 베 짜기를 멈추고 자세히 뵈오며 마음으로 기뻐서 '경(經)에 말씀하신 무량수불이신가' 하고 머리를 조아려 예배하고 갈제지를 끌어 부처님 계신 곳을 가리켜 보이나 남편은 단지 부처님의 반신과 번개(幡蓋)만을 보았다. 이때에 동리 사람들이 이것을 보고 불법(佛法)에 귀의한 사람이 많았다 한다.

*

중국 당나라 때의 여인 요파는 상당 사람인데 범파라는 분이 염불을 권하므로 요파는 가연(家緣)을 끊고 일심으로 염불하더니 임종 때에 아미타불이 공중에 강림하시고 관음, 세지 두 보살이 모신 것을 뵈옵고 요파가 부처님께 여쭈기를 "범파를 만나지 못하였더라면 어찌 부처님을 뵈옵게 되겠나이까. 부처님께서 잠간만 계시면 범파와 작별하겠나이다." 하더니 범파가 이르매 요파는 서서히 화(化) 하였다.

*

중국 명나라의 승려 원과는 임종 날에 제자에게 부탁하기를 "내가 죽은 지 10년 후에 화장하라" 하였다. 제자가 10년 후에 관을 들고 뜰에 이르니 관 속에서 불이 일어나 타버렸다. 이때에 승려와 불자들이 보니 구름 속에 극락세계의 전경이 나타나는데 칠중란수 칠중라망 칠중항수 칠보지 누각 궁전이 금 은 유리 파려 자거 적주 마노 등으로 장엄하고 연못 속에 청 황 적 백의 연화와 백학 공작 앵무 사리 가릉빈가 공명조 등이 불경에 말씀하신 것과 다르지 아니하고 공중에서 천악이 울렸다 한다.

*

중화민국 거사 강암남은 안휘성의 무원 사람인데 만년에 강역원거사의 권고로 매일 아침 송경 염불하더니 서기 1932년 3월 등에 종기가 발병하여 다시 살아나지 못할 줄을 알고 염불에 더욱 힘을 쓰니 병은 비록 중하나 고통을 느끼지 아니하며 또 서방극락세계를 관견한지라 강 거사에게 편지하기를, "제가 3월 25일 인시에 뇌우가 있은 뒤에 하늘이 낮같이 밝더니 문득 서방극락세계의 진경이 나타나는데 그 중에 칠보장엄과 보수 보탑 등이 모두 기이하지 아니한 것이 없고 부처님이 공중에서 말씀하시는데 분명하게 들리지 아니하고 곧 흩어져 버렸으니, 이로써 극락세계가 확실히 있는 줄을 알았노라" 하였다. 강암남은 그 뒤부터 더욱 부지런히 염불하다가 그 해 4월 22일에 염불하면서 화거하였다. [淨土聖賢錄]

2. 왕생을 내보(來報)한 실례

중국 진나라 때에 궐공측거사가 여산(廬山) 백련사(白蓮社)에서 염불의 정업(淨業)을 닦다가 극락에 왕생한 후에 그의 친구가 낙양의 백마사(白馬寺)에서 궐거사의 기제사를 지내는데 수목(樹木)과 전우(殿宇)가 문득 금색이 되고 공중에서 소리하여 말하되 "나는 궐공측이다. 극락에 나기를 원하여 이미 왕생하였노라" 하고 말을 마치자 보이지 아니하였다.

*

중국 송(宋)나라 때에 가구가 명주에 있으면서 항상 법화경(法華經)을 외우며 정토에 나기를 원하므로 사람들이 구법화(久法華)라 부르더니, 1093년에 나이 팔십으로 앉은 채로 왕생 하였다가 3일만에 다시 살아나서 "내가 극락에 가서 모든 뛰어난 아름다운 현상을 보니 불경에 말씀하신 내용과 같았고 이 세상에서 정업을 닦는 이는 그 곳의 연화대(蓮華臺) 위에 이름이 표기(標記)되었는데 금대(金臺)에 표기된 이는 성도(成都)에 있는 광교원(廣教院)의 훈공(勳公), 명주(明州)의 손십이랑(孫十二郎), 가구(可久)요. 은대에 표기된 이는 명주(明州)의 서도고(徐道姑)라" 하고 말을 마치고, 다시 화거(化去)하였다. 5년 후에 서도고는 운명할 때에 말할 수 없이 좋은 향기가 방안에 가득하였고 12년 후에 손십이랑은 운명할 때에 천악(天樂)이 울리어서 가구의 말이 모두 증험 되었다.

*

중국 송나라 때에 위세자(魏世子)가 자녀를 데리고 염불하였으나 그 모는 염불하지 아니하였는데 그 딸이 14세에 병사하였다가 7일만에 다시 살아나서 그 모에게 말하기를 “내가 극락에 가서 보니 아버지와 오빠들은 이미 연화가 있어서 죽은 뒤에는 마땅히 왕생할 터인데 어머니의 연화는 없어서 마음에 대단히 섭섭하므로 내가 다시 와서 알려 주니 염불하세요.” 하고 눈을 감았다. 그 모는 이 말을 듣고 감동하여 곧 신심을 발하여 부지런히 염불하다가 죽은 뒤에 극락에 왕생하였다,

3. 극락에 왕생하였다가 다시 와서 중생을 제도한 실례

각명묘행보살(覺明妙行菩薩)은 중국 진(晉)나라 때의 사람으로 빈한한 집에 태어났는데 그 빈고(貧苦)로 인하여 발원하기를 “내가 전부터 지은 행업(行業)으로 이 빈궁고(貧窮苦)를 받는 것인데 내가 만약 아미타불을 뵈옵고 극락국에 나서 일체 공덕을 성취하지 못하면 설사 몸을 잃어버리더라도 마침내 퇴식(退息)하지 않겠다” 하고 7일 7야를 일심(一心)으로 염불하다가 마침내 아미타불의 상호(相好) 광명을 보니 부처님이 각명묘행(覺明妙行)이란 칭호를 주시며 친히 수기(授記) 하심을 받고 그 후 75세에 앉은 채로 해탈(解脫)하여 극락에 왕생하였다가, 다시 이 세계에 와서 비구 거사 왕 신(臣) 여인 걸인 등이 되기도 하며 혹은 현신(顯身) 혹은 은신(隱身)하여 모든 중생을 제도(濟度)하였다.

4. 극락 삼성(三聖)이 왕생을 예보하다

연종(蓮宗)의 초조(初祖) 혜원대사(慧遠大師)가 여산(廬山) 동림사(東林寺)에서 못에 백련(白蓮)을 심고 123인으로 더불어 백련사(白蓮社)를 설치하고 30년 동안 염불의 정업(淨業)을 닦았다. 처음 11년 중에 극락삼성(極樂三聖)을 세 번 뵈었으나 대사는 발설하지 아니하더니 30년 되던 7월 그믐날 저녁에 아미타불 신(身)이 허공에 가득하고 원광(圓光) 중에 여러 화불(化佛)이 계시며 관음, 세지 두 보살이 좌우에 모시고 서 계셨는데, 아미타불이 말씀하시기를 "내가 본원력(本願力)으로 와서 너를 위안하노니 7일 후에는 네가 내 나라에 왕생하리라" 하셨는데 대사는 8월 초엿새에 대중을 모아 훈계하고 단정하게 앉아 화거(化去)하니 나이 83세이다.

5. 극락삼성이 대중을 내영(來迎)하다

신라 경덕왕(景德王)17년(서기 758년) 무술(戊戌)년에 고성현(固城懸) 원각사(圓覺寺, 고려 때는 烈山縣 西鳳寺로, 현대에는 固城郡 乾鳳寺로 개명 하였다)에서 발징화상(發徵和尙)이 승려 정신(貞信) 양순(良順) 등 31인과 더불어 염불만일회(念佛萬一會)를 설치하고 염불하였는데 신도 1,820인이 스스로 발심하여 그 중 120인은 의복을 공급하고 1,700인은 식량을 공급하더니 원성왕(元聖王)3년(서기787년) 정묘(丁卯)년에 도량(道場) 문 밖에 큰물이 나서 넘치며 아미타불이 관음, 세지 두 보살과 더불어 자금연대(紫金蓮臺)를 타시고 문 앞에 이르러 금색 팔을 펴시어서 염불대중을 접인(接引)하시니, 대중이 크게 기뻐 뛰면서 좋아하였고. 부처님은 대중을 거느리시고 반야선(般若船)에 올라 극락으로 다시 돌아 가셨는데, 이때에 도량 승려 31인은 육신으로 하늘로 올라가 상품상생(上品上生) 왕생하고 의복과 식량을 공급하던 염불신도 1,820인 중 913인은 일시에 단정히 앉아서 화(化)하여 상품상생에 왕생하고, 다른 18인은 상품중생(上品中生)에, 31인은 하품하생(上品下生)에 각기 왕생하였다.

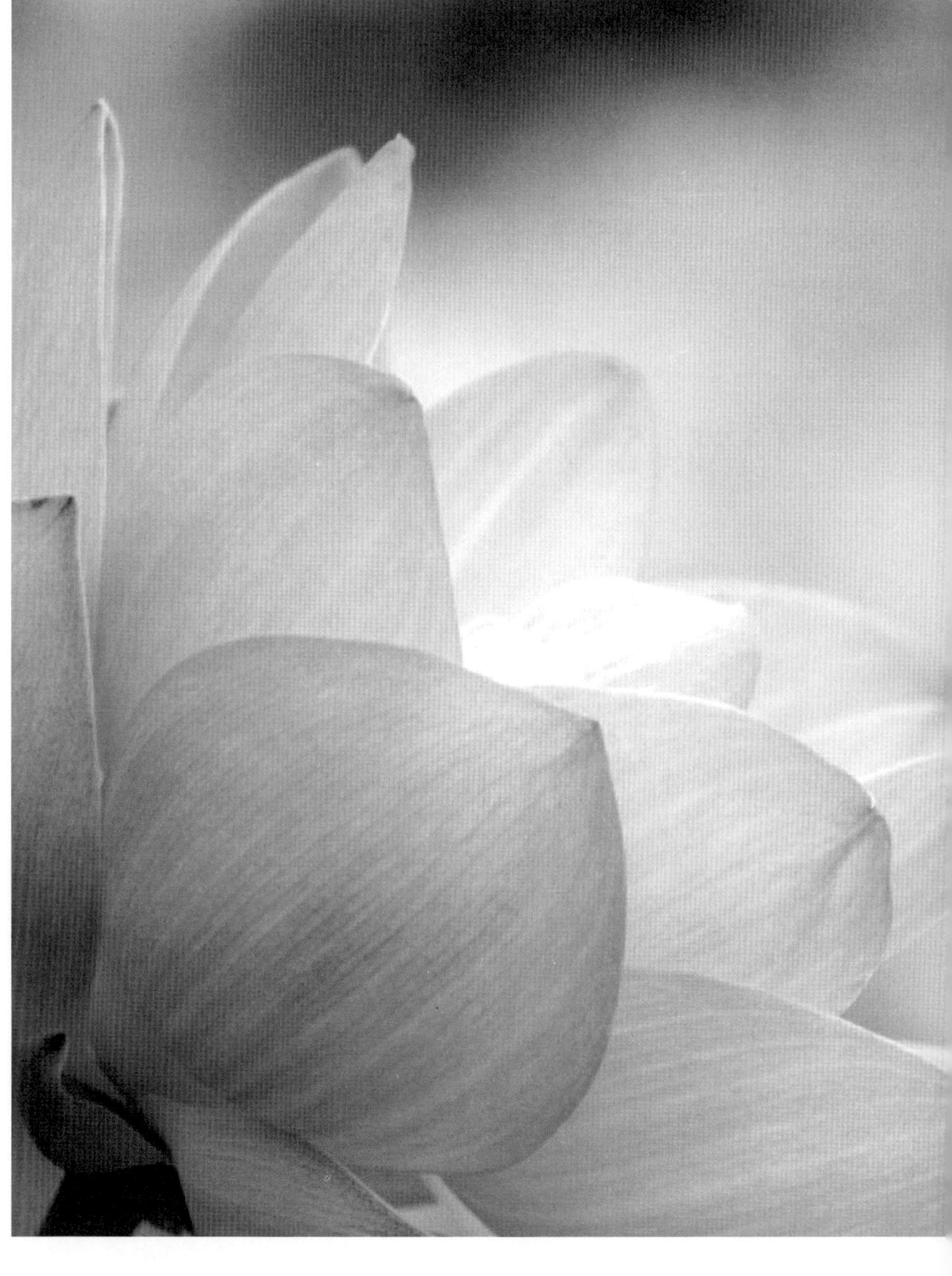

제4장 사바와 극락과의 비교

1. 삼계(三界)와 극락의 비교

삼계(三界)는 욕계(欲界) 색계(色界) 무색계(無色界)를 말하는데 삼계 안의 중생들이 모든 혹(惑 곧 번뇌煩惱)으로 인하여 삼계를 벗어나지 못하거니와, 극락세계에는 안에 더러운 종자(鐘子)가 없어 밖으로 정방(淨方)을 나타내고 사폭류(四瀑流)를 멀리 여의어서 길이 삼계에 뛰어난 까닭으로 계계(界繫)가 아닌 것이다.

*** 삼계**

욕계: 오욕(五欲) 등의 탐욕(貪欲)이 있는 까닭으로 욕계라 한다.

색계: 형상(形狀)이 있는 까닭으로 색계라 한다.

무색계: 형상은 없고 의식(意識)만 있는 까닭으로 무색계라 한다.

*** 극락**

비욕계: 음욕(淫慾)과 단식(段食)이 없는 까닭으로 욕계가 아니다.

비색계: 땅에 의지(依支)하여 있고 색경(色境)에 염착(染着)하지 아니하므로 색계가 아니다.

비무색계: 형상이 있는 까닭에 무색계가 아니다.

2. 육도(六道)와 극락의 비교

육도(六道)는 일체 중생이 자기의 지은 업(業)을 따라 육도를 돌아다니면서 낳았다 죽었다 하는 것을 쉬지 않고 연해 돌아다니는 것이 마치 수레바퀴가 한정 없이 돌아가는 것과 같으므로 윤회(輪廻)라 한다.

그 예를 들면 천중(天中)에서 죽어 인중(人中)에 낳고, 인중에서 죽어 천중에 낳고, 천중에서 죽어 지옥에 낳고 지옥 중에서 죽어 천중에 낳고, 천중에 죽어서 아귀 중에 낳고 아귀 중에서 천중에 낳고, 천중에 죽어서 축생 중에 낳고 축생 중에서 죽어 천중에 낳고, 천중에서 죽어 다시 천중에 낳고 또 지옥 아귀 축생도에…

이와 같이 윤회하거니와 극락세계에는 윤회하는 일이 없으며 일체중생은 남녀 노유(老幼) 빈부 귀천을 물론하고 다만 신(信) 원(願) 행(行)만 가지고 일심(一心)으로 나무아미타불 혹은 아미타불을 행, 주, 좌, 와(行住坐臥)에 생각하는 마음이 그치지 않으면 죽을 때에 극락세계에 왕생하여 부처님을 뵈옵고 무생인(無生忍)을 깨닫게 된다.

3. 도솔천과 극락의 비교

도솔천은 욕계육천(欲界六天) 중의 제3천인 야마천(夜摩天)과 제5천인 화락천(化樂天)의 중간에 있는 제4천인데 해면에서 32만 유순(由旬) 허공에 많이 모인 구름 위에 있고 종광(縱廣)이 팔만 유순이다.

도솔천궁이 있는데 이 궁에 내원(內院)과 외원(外院)의 구별이 있으며 내원에는 보살이 있고 외원에는 수 없이 많은 천인들이 살고 있다.

내원에서는 미륵보살(彌勒菩薩)에게 친근(親近)하는 까닭으로 퇴전(退轉)되는 일이 없으나, 외원에서는 오욕(五慾)에 탐착(貪着)하고 십악(十惡)을 지으므로 흔히 삼도(三途)에 떨어진다.

극락세계와 비교하면 다음과 같다.

교주(校主)

극락: 아미타불은 이미 성불(成佛)하셔서 지금 극락세계에 계시다.

도솔: 미륵보살은 아직 일생보처(一生補處)로서 성불하지 못하였다.

주처(住處)

극락: 극락은 정토요 삼계를 초월한 위가 없는 불가사의한 국토이다.

도솔: 사바예토(娑婆穢土)요 욕계의 열천(劣天)이다. (미륵보살이 계신 내원만은 정토다).

권속(眷屬)

극락: 여인이 없다.

도솔: 남녀가 많이 동거한다.

수명(壽命)

극락: 무량아승기겁(無量阿僧祇劫)이다

도솔: 사천 세다. 그러나 중요(中夭)가 있어서 천수(天壽)를 다하지 못한다. 인간의 사백 년이 도솔천의 1일1야다.

내외원(內外院)

극락: 내외원의 구별이 없고 일미평등(一味平等)하다. 또 구품(九品)의 우열이 있으나 모두 정정취(正定聚: 불퇴전지)에 머물므로 모두 성현(聖賢)이다.

도솔: 내원 외원의 구별이 있다. 혜업(慧業)이 많으면 내원에 낳아서 퇴전하지 않으나, 혜업이 적고 복이 많으면 외원에 떨어져서 윤회를 면치 못하고 삼도(三途)에 떨어진다.

신색(身色)

극락: 순(純)진금색이요 광명이 백천 유순을 비친다.

도솔: 천형(天形)이 비록 청정미묘하나 죽을 때에는 오쇠상(五衰相)이 나타나서 신광(身光)을 잃어버린다.

상호(相好)

극락: 아미타불 본원력(本願力)에 의하여 모두 32대인상(大人相)이 있고 좋음과 추함이 없다.

도솔: 상호(相好)가 비록 단정하고 엄숙하나 남녀가 같지 않고

좋음과 추함이 있어 다르다.

고락(苦樂)

극락: 근심과 괴로움이 없다.

도솔: 우수(憂受) 희수(喜受) 고수(苦受) 낙수(樂受) 사수(捨受)의 오수(五受)가 있다.

권생(勸生)

극락: 극락왕생을 권하는데 경문(經文)도 많을 뿐 아니라 석가모니불과 시방제불(十方諸佛)이 성실하고 간절하게 권하신다.

도솔: 도솔천에 왕생을 권하는데 오직 미륵상생경(彌勒上生經)만 있을 뿐이고 제불(諸佛)이 권하시는 것도 없고 범연(汎然)하여 간절하지 못하다.

멸죄(滅罪)

극락: 나무아미타불을 일칭(一稱) 하면 팔십억 겁(劫)의 생사(生死) 중죄(重罪)를 멸(滅)하고 극락에 왕생한다.

도솔: 미륵보살의 명호를 일칭 하면 천이백 겁 생사의 중죄를 제(際)하고 또 미륵보살의 명호를 듣고 합장 공경하면 50겁 생사의 중죄를 제하며 또 미륵보살에게 경례하면 백 겁 생사의 죄를 제한다.

접인(接引)

극락: 극락에 왕생할 때에는 아미타불의 본원력으로 성중(聖衆)이 와서 맞는다.

도솔: 도솔천에 왕생할 때에는 미륵보살이 미간(眉間)을 놓아

맞으신다.

수생(受生)

극락: 칠보지(七寶池) 연화 중에 화생한다.
도솔: 남녀의 무릎 위 품속에 수생(受生)한다.

관세음 지장보살 아미타불 염불의 불가사의 공덕 ;

『지장십륜경(地藏十輪經)』에는
“일백 겁(劫)동안 관세음보살을 염불하는 것이
일식경(一食頃) 지장보살을 염불하는 것만 같지 못하다” 하였다.
『석정토군의론(釋淨土群疑論)』에는
“다겁(多劫)중에 지장보살을 염불하는 것이
아미타불의 일성(一聲)을 염불하는 것만 같지 못하다” 하였다.
— <연종집요>

4. 인계(人界)와 극락의 비교

인계와 극락을 비교하면 다음과 같다.

극락: 연꽃에 화생 하므로 출생 고가 없다.
인계: 피와 살로 된 몸이 출생 고가 있다.

극락: 추위와 더위가 변천하지 아니하므로 늙는 고가 없다.
인계: 시절이 바뀌므로 날마다 쇠약하여 늙어간다.

극락: 화신(化身)이 향기롭고 정결하므로 병이 나는 고가 없다.
인계: 사대(四大)가 고르기가 어려우므로 병이 많이 난다.

극락: 수량(壽量)이 한이 없으므로 죽는 고가 없다.
인계: 수명의 한정이 있을 뿐 아니라 죽을 때에 고가 있다.

극락: 육친이 없으므로 이별하는 고가 없다.
인계: 육친의 애정이 있어서 서로 떠나지 아니하였으면 좋겠는데 반드시 떠나게 되는 고가 있다.

극락: 극히 착한 이들이 모여 있으므로 미운 원수를 만나는 고가 없다.
인계: 미운 원수를 만나지 아니하였으면 좋겠는데 반드시 만나게 되는 고가 있다.

극락: 의식(衣食)과 보물이 되어 있는 것을 받아 쓴다.
인계: 고난과 기한(飢寒)이 많으므로 탐(貪)하여 구하는 것이 맞지 아니한다.

극락: 용모가 단정하고 몸에 광명이 있다.
인계: 형체가 추악하고 병이 있는 몸이 많다.

극락: 극락에 한번 태어난 후에는 다시 육도 윤회에 떨어지지 않으므로 삼악도란 이름조차 없다.
인계: 수레바퀴가 도는 것과 같이 육도를 연해 돌아다니며 생사의 고를 받는다.

극락" 극락의 땅은 황금으로 되어 평탄하고 보수가 하늘에 닿았으며 누각(樓閣)은 칠보(七寶)로 되고 연화가 네 가지 색으로 된다.
인계: 땅이 흙과 돌로 되었으며 모든 산과 언덕 구덩이가 있고 모두 추악하다

극락: 지금 극락에 아미타불이 계시어서 설법을 하신다.
인계: 석가모니불이 이미 열반(涅槃)하시고 미륵불(彌勒佛)이 아직 나시지 아니 하였다

극락: 극락에는 무수한 성인들과 같이 승우(勝友)가 된다.
인계: 여기서는 관세음보살 대세지보살을 친히 뵈옵지 못하고 단지 존호(尊號)만 흠모할 뿐이다.

극락: 부처님의 교화(敎化)가 통일되고 모든 마(魔)와 외도(外道)가 없다.

인계: 모든 마와 외도들이 정행(正行)을 요란(搖亂)한다.

극락: 성중(聖衆)이 모두 청정하고 여인이 없다.

인계: 여색(女色)과 악우(惡友)와 올바르지 못한 말이 행자(行者)를 미혹하게 한다.

극락: 물과 새와 나무와 수풀들이 모두 묘법(妙法)을 설법한다.

인계: 악한 모든 짐승과 이매 등이 요망스럽고 간사한 소리를 낸다.

5. 시방 제불보살과 종사(宗師)들의 찬양

칭찬정토불섭수경(稱讚淨土佛攝受經)에는 시방제불이 극락정토를 극구 찬양하셨고,

보적경(寶積經)에는 석가모니불이 부왕 정반왕(淨飯王)께 염불왕생을 권하셨고,

보살내계경(菩薩內戒經)에는 보살의 삼원(三願) 중 제2원(願)이 아미타불국에 왕생을 원하는 것이고,

화엄경(華嚴經)에는 보현보살이 왕생을 발원하셨고,

문수발원경(文殊發源經)에는 문수보살이 왕생을 발원하셨고,

선종(禪宗) 제12조(祖)인 마명보살의 대승기신론(大乘起信論)에 왕생을 권장하였고,

선종 제14조인 용수보살의 십주비바사론(十住毘婆沙論)에서 아미타불을 찬양하였고,

세친보살의 무량수경론(無量壽經論)에서 왕생을 발원 하였다.

선종의 마명보살 용수보살 이외에 선종의 선덕(先德)들이 정토법문을 겸해서 닦되 혹은 드러나게 혹은 비밀하게 닦고, 자기뿐만이 아니라 극락정토를 찬양하여 법문을 설하기도 하며, 논문을 지어서 극락왕생을 권장하기도 하고, 또 정토 경문을 주석하여서 정토법문을 발양(發揚)한 이가 많았으며, 임제종의 백장회해선사(百丈懷海禪師)는 그 지은 백장청규(百丈淸規)에서 병승(病僧)과 망승(亡僧)을 위하여 나무아미타불을 염송하게 하였다.

또 선종 이외에 율종(律宗) 삼론종(三論宗) 천태종(天台宗) 화엄

종(華嚴宗) 법상종(法相宗) 등 각종의 종사(宗師)들도 정토를 겸해서 닦을 뿐 아니라 다른 사람을 권하여 닦게도 하고 또 정토경을 주해하기도 하여서 정토를 떨쳐 일으킨 이가 많았다.

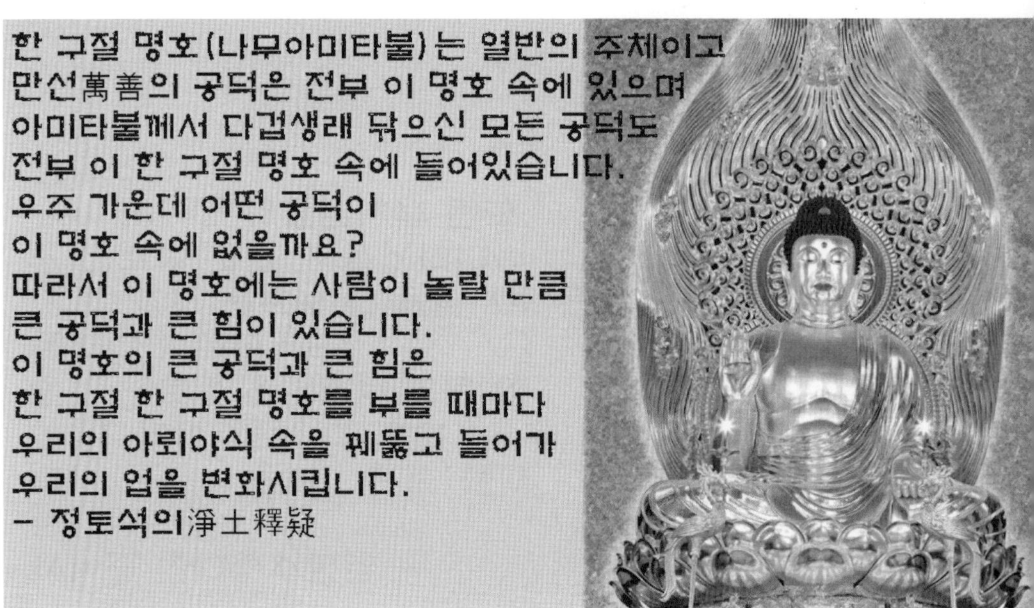

한 구절 명호(나무아미타불)는 열반의 주체이고
만선萬善의 공덕은 전부 이 명호 속에 있으며
아미타불께서 다겁생래 닦으신 모든 공덕도
전부 이 한 구절 명호 속에 들어있습니다.
우주 가운데 어떤 공덕이
이 명호 속에 없을까요?
따라서 이 명호에는 사람이 놀랄 만큼
큰 공덕과 큰 힘이 있습니다.
이 명호의 큰 공덕과 큰 힘은
한 구절 한 구절 명호를 부를 때마다
우리의 아뢰야식 속을 꿰뚫고 들어가
우리의 업을 변화시킵니다.
- 정토석의淨土釋疑

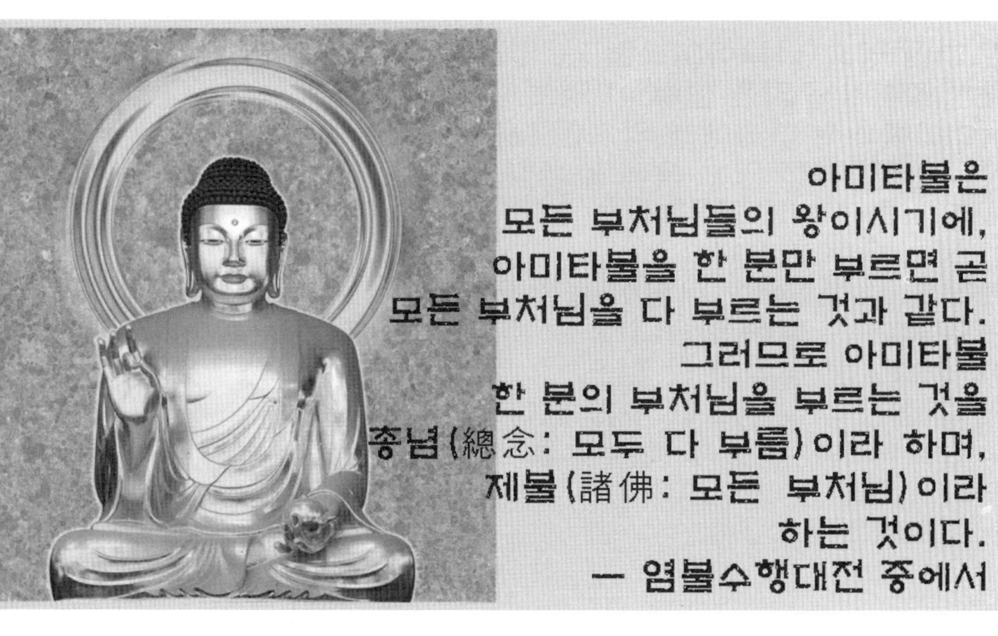
아미타불은
모든 부처님들의 왕이시기에,
아미타불을 한 분만 부르면 곧
모든 부처님을 다 부르는 것과 같다.
그러므로 아미타불
한 분의 부처님을 부르는 것을
총념(總念: 모두 다 부름)이라 하며,
제불(諸佛: 모든 부처님)이라
하는 것이다.
— 염불수행대전 중에서

제5장 연종(蓮宗)의 염불방법

1. 염불의 의의(意義)

연종(蓮宗)에서 염불하는 본뜻은 아미타불의 본원(本願)의 힘으로 서방정토 극락세계에 왕생하기 위하여 아미타불을 염(念)하는 것인데, 이는 아미타불이 세우신 48원(願) 중에 "유정(有精)이 내 이름을 지성으로 염하면 임종시(臨終時)에 내 나라에 낳게 하신다"는 원(願)이 있는 까닭이다.

(1) 시방제불(十方諸佛) 중에 아미타불이 가장 수승하시고 가장 존귀하시고 자비(慈悲)하시다.
(2) 시방제불 중에 아미타불이 유정(有情)과 연(緣)을 맺으신 것이 가장 많으시다.
(3) 시방제불 중에 아미타불이 원력(願力)으로 유정을 접인(接引)하시는 것이 가장 많으시다.
(4) 시방제불의 정토 중에 아미타불의 정토가 가장 좋다.
(5) 시방제불의 정토 중에서 아미타불의 정토가 가장 가깝다.
(6) 시방제불의 명호(名號) 중에 아미타불의 명호를 염하는 공덕이 가장 많다.

그러므로 아미타불을 오로지 염하고 다른 부처님을 염하지 아니하는 것이다.

2. 염불의 종류

염불법에는 실상염불(實相念佛) 관상염불(觀像念佛) 관상염불(觀想念佛) 칭명염불(稱名念佛)의 네 가지가 있다.

(1) **실상염불(實相念佛)**은 부처님의 법신(法身)이 있는 것도 아니고 공(空)한 것도 아닌 중도실상(中道實相)의 이(理)임을 관념(觀念)하는 것인데, 이것은 유정(有情)의 업장(業障)이 두터워서 해오(解悟)하는 이가 드문 법이다.

(2) **관상염불(觀相念佛)**은 단정히 앉아서 부처님의 만든 상(像) 또는 화상(畵像) 등의 상신(像身)을 관념하는 것이니, 상신이 없어지면 그 관념이 사이가 떨어져 끊어지는 염불법이다.

(3) **관상염불(觀想念佛)**은 고요히 앉아서 부처님의 원만하신 상호(相好)만 상념(想念)하는 것인데, 이것은 유정(有情)의 마음은 굵고 경(境)은 가늘어서 능히 묘관(妙觀)을 이루기 어려운 법이다.

(4) **칭명염불(稱名念佛)**은 지명염불(持名念佛)이라고도 하며 부처님의 명호(名號)를 염(念) 또는 창(唱)하는 것인데, 이것은 가장 간단하고 수행(修行)하기 쉬우며 왕생하기 쉬운 것이므로, 네 가지 염불법 중에 손쉬운 방법이다.

3. 염불수행의 요건

염불법문(念佛法門)에는 신(信) 원(願) 행(行)의 세 조건을 구비하여야 극락에 왕생하기 쉽고 구비하지 못하면 왕생하기 어려운 것이다.

신(信)은 믿는 것이니, 아미타불의 48원과 석가모니불의 교어(敎語)와 시방제불의 찬탄을 굳게 믿는 것이다.

유마경(維摩經)에는 "서방정토에 가고자 할진대 깊이 믿는 것이 견고하여야 하나니, 정토의 항하사(恒河沙) 제불(諸佛)은 모두 정토를 정신(正信)하던 사람들이라" 하셨고,

연지대사(蓮池大師)는 "정토에 왕생하려면 진심으로 믿어야 하나니 천 사람이 믿으면 천 사람이 왕생하고 만 사람이 믿으면 만 사람이 왕생한다" 하였고,

종경록(宗鏡錄)에는 "믿지 아니하는 사람은 천불(千佛)이라도 구할 수 없느니라"하였다.

원(願)은 어느 때나 항상 사바세계의 생사고(生死苦)를 싫어하고 극락정토의 보리의 낙(樂)을 사모하여 선악의 업을 짓는대로 선업은 회향하여 정토에 나기를 하고, 악업은 참회하여 정토에 나기를 원하되, 자기 혼자서만 왕생할 것을 원할 것이 아니라 일체 중생이 함께 왕생하기를 원할 것이다.

지도론(智度論)에도 "행(行)만 하는 공덕은 성취할 수 없으므로 원이 있어야 하나니 비유하면, 소가 수레를 끌 수 있지만 모는 사람이 있어야 가려는 곳에 도달할 수 있는 것과 같이 정토

에 왕생하는 원도 이와 같으니, 행하는 복덕(福德)은 소와 같고 원은 모는 사람과 같다" 하였고,

화엄경 행원품(華嚴經行願品)에는 "이 사람이 임종할 때에 최후 찰라에 온갖 근(根)들이 모두 흩어져 망가지고 온갖 친속(親屬)들을 모두 여의어 버리고 온갖 위세(威勢)를 모두 잃어버리고 내지는 코끼리 말 타고 다니는 수레 진보(珍寶) 등이 하나도 따라오지 못하지마는 이 원력(願力)만은 떠나지 아니하고 어느 때나 항상 그 앞을 인도하여 한 찰나 중에 극락세계에 왕생하게 된다"고 하였다.

행(行)에는 정행(正行)과 조행(助行)이 있으니 정행(正行)은 나무아미타불의 여섯 자(字)혹은 아미타불의 넉자를 항상 염(念) 혹은 송(誦)하는 것이다.

조행(助行)은 ①예배 공양하고 ②주문(呪文) 경문(經文)을 염송하고 ③업장을 참회하고 ④애정을 끊고 ⑤모든 선사(善事)를 행하고 ⑥닦은 공덕을 극락에 회향하는 것이다.

신, 원, 행의 신·원은 눈과 같고 행은 발과 같으며 또 신·원은 소와 같고 행은 수레와 같으며 또 신·원은 바둑판의 줄과 같고 행은 바둑과 같으므로 이 신, 원, 행의 셋 중에서 하나만 없어도 성취하지 못한다.

더욱 신·원이 주재(主宰)가 되어 인도하는 것이므로 신·원만 한결같이 되면 모든 선행이 모두 정토의 자량(資糧)이 되며 설혹 불행히 잘못 악사(惡事)를 지었더라도 성심으로 참회하고 상속심(相續心)을 일으키지 아니하면 족히 왕생의 묘행(妙行)이 되는 것이다.

4. 정행염불(正行念佛)

(1) 정행염불의 가지가지

염불하는 사람은 행, 주, 좌, 와에 항상 서쪽을 향하고 어느 때 어느 곳에서나 일심(一心)으로 '나무아미타불'을 염할 것이다.

염불에는 출성념(出聲念) 무성념(無聲念)의 구별이 있고, 또 출성념에는 고성념(高聲念)과 저성념(底聲念)이 있으며, 무성념에는 미동순설념(微動脣舌念) 무성밀념(無聲密念)이 있고, 또 기수념(記數念) 불기수념(不記數念)이 있다.

고성념은 고성지(高聲持)라고도 하고 큰 소리로 불명(佛名)을 외우는 것이며, 저성념은 저성지(底聲持)라고도 하여 작은 소리로 불명을 외우는 것이다.

미동순설념은 금강념(金剛念) 금강지(金剛持) 반명반묵지(半明半黙持)라고도 하고 입술만 움직이어 곁에 있는 사람이 소리를 듣지 못하는 것이다.

무성밀념은 묵념(黙念) 묵지(黙持) 삼매념(三昧念)이라고도 하고 소리 없이 속으로 염하는 것이다.

기수념은 기수지(記數持)라고도 하고 염불할 때에 염주(念珠)를 가지고 수를 세는 것이다.

불기수념은 불기수지(不記數持)라고도 하고 염불할 때에 염주로 세지 아니하는 것이다.

기수념 불기수념은 제각기 마음대로 할 것이나 처음 염불하는 사람은 염주를 가지고 세는 것이 좋다.

(2) 염송(念誦)할 때의 주의할 일

(가) 거사(居士)로서 염불할 때의 의복은 일부러 가사(袈裟)같은 법의(法衣)를 입을 것은 없고 평상복도 좋으며, 또 목탁(木鐸)이나 광쇠같은 것을 치는 것도 주위의 환경에 따라서 치거나 치지 않는 것을 임의로 할 것이다.

(나) 염불할 때에는 항상 생각하기를 자기의 몸이 큰 연꽃 위에서 결가부좌 하고 합장(合掌)하거나 아미타불의 수인(手印)을 맺고 부처님이 광명을 놓아 내 몸을 비춰 주시는 형상을 생각할 것이다.

(다) 염불할 때에는 마음의 지극한 정성이 간절하고 긴장하기가 마치 부모 상(喪)을 만난 때의 애절함과 같이, 또는 자기 머리에 붙은 불을 끄는 생각과 같이, 주릴 때에 밥을 생각하는 것과 같이, 목마를 때에 물을 구하는 생각과 같이, 병 났을 때에 약을 찾는 것과 같이, 젖 잃은 아이가 어머니를 찾는 것과 같이, 옥(獄)에 갇혔을 때에 나오기를 바라는 생각과 같이, 원수가 따라올 때에 피하려는 것과 같이 수재(水災) 화재(火災)를 구(救)할 때의 생각과 같이, 닭이 알을 품었을 때와 같이, 고양이가 쥐를 잡을 때에 생각하는 것과 같이 하여야 할 것이다.

(라) 염불은 출성념(出聲念)이거나 무성념(無聲念)이거나 형편이

좋은 것을 따라 자유로 하되 식사할 때나 대소변 할 때나 누웠을 때나 옷을 벗었을 때나 목욕할 때에는 무성념으로 할 것이다.

이것은 소리를 내는 것이 불경(不敬)한 까닭이요, 염불의 공덕은 출성념이나 무성념이 일반이다.

출성념은 고성념이 힘이 들거든 저성념을 할 것이고, 저성념이 불편하거든 금강념이나 묵념을 할 것이고, 금강념 묵념이 혼침(昏沈) 할 경우에는 저성념이나 고성념을 할 것이다.

(마) 불명(佛名)을 염송할 때에 자음(字音)과 구절(句節)을 분명히 할 것이며 염송할 때에 만약 잡념이 일어나거든 염송하는 소리가 내 귀에 들리도록 하면 잡념이 점점 감하여 질것이다.

(바) 염불하는 장소는 구태여 정적(靜寂)한 곳만 구하려 하지 말고 염불에만 오로지 마음을 써서 끊임없이 계속하면 좋다.

염불이 완전히 익지 못한 이는 정적한 장소가 좋거니와 정적한 곳에서만 염불하던 사람이 혹시 번잡한 곳에 가게 되면 염불에 방해되는 일이 있을 것이므로, 처음부터 환경의 여하에 불구하고 염불에만 오로지 마음을 쓰는 습관을 기르는 것이 좋다.

(사) 염불을 권하는 사람들이 혹은 먼저 망상(妄想)을 버리라 하기도 하고, 염불하는 사람도 망상이 생기는 것을 근심도 하거니와 망상은 성현(聖賢)들도 아주 끊어 버리기 어렵거늘 하물며 범부중생으로써 어떻게 망상을 모두 끊을 수 있으랴.

망상을 끊지 못한 범부로서도 평소에 왕생한 이가 많은 것은 평소에 신·원이 견고하고 항상 생각하고 흔들리지 않아 부처님의 본원(本願)에 부합하므로 섭수(攝受)를 입는 까닭이다.

그러므로 설사 망상이 없다 하더라도 염불하지 않으면 왕생할 수 없나니 마치 어두운 밤에는 구름이 없더라도 달이 없으면 달빛을 받을 수 없는 것과 같고, 염불하는 사람은 망상이 있더라도 왕생할 수 있는 것이니 마치 빛나는 태양의 빛이 대지(大地)에 퍼지어 사람들이 모두 수용(受用)하여 작업할 수 있는 거와 같다. 여기에 이러한 계가 있다.

미타일구법중왕(彌陀一句法中王)
잡념분분야불방(雜念紛紛也不妨)
만리부운차혁일(萬里浮雲遮赫日)
인간처처유여광(人間處處有餘光)

즉 "아미타불 일구(一句)가 법 중의 왕이니 망상이 뒤얽혀 갈피를 잡을 수 없더라도 무방하다. 비유하면 만리에 뜬 구름이 해를 가리더라도 인간 곳곳에 나머지 빛이 있는 것과 같다"는 뜻이다.

우익대사(藕益大師)는 말하기를 "깊은 신심과 간절한 원(願)을 가지고 염불하면 망상이 많은 이는 곧 하품하생(下品下生)이라" 하였으니 비록 하품(下品)에 나더라도 모든 상선인(上善人)과 한곳에 모여 법락(法樂)을 함께 받게 되는 것이다.

그러므로 염불할 때에 망상을 떨어버리려고 애쓰지 말고 염불에만 오로지 마음을 써서 끊어지지 아니 하는 것이 가장 적절한 방법이다.

(아) 염불에 마음을 오로지 하여 어지러워지지 않는 것은 생각

의 흩어짐으로부터 성취되는 것이니, 먼저 생각의 흩어짐을 중하게 여기지 않고야 어떻게 일심(一心)을 성취할 수 있으랴. 마치 글자를 배운 뒤에라야 글을 쓸 수 있는 것이거늘 글자도 배우지 아니하고 글부터 먼저 지으려는 것과 같으며, 또 모든 기술이 서투른 데서부터 익숙하게 되는 것이다.

그러므로 신심이 견고하고 원이 간절하면 염불하는 것이 끊어지지 아니하거나 쉬는 일이 적어지고 생각의 흩어짐도 점점 적어져서 일심에 이르는 것이다.

또 설사 일심이 되지 못하더라도 이와 같이 수행하면 하품(下品)에는 반드시 왕생 할 수 있는 것이니 중요한 비결은 오직 (행주좌와염념불사(行住坐臥 念念不捨)의 여덟 자에 있다.

(자) **참구염불(叅究念佛)**이란 염불자수(念佛者誰) 즉, 염불 할 때에 '이것이 누군가?' 하여 염불에 참선(叅禪)을 겸하는 것이다.

이렇게 하면 염불이 둘로 나뉘어져서 한결같지 못하고 부처님의 본원(本願)과도 서로 어울리지 못하므로 왕생하기 어려운 것이다.

중국의 중봉선사(中峯禪師)는 "참선에는 염불을 겸할 것이나 염불에는 참선을 겸하는 것이 불가하다" 하였다.

선종(禪宗)은 원래 시심마(是甚麽) 즉 '이것이 무엇인고?' 라는 화두(話頭) 법문이 있는데 중국의 학자가 참선으로 깊이 깨달아서 확고한 힘을 얻지 못하는 이가 많고, 혹은 염불을 겸해서 닦는 이도 있으며, 혹은 염불로 바꾸고 고치는 이도 있으므로, 선종종사(禪宗宗師)들이 부득이 한 가지 방편으로 참구염불을 권하였으나 이것은 정토종(淨土宗)의 근본 취지가 그러한 줄로 아는 이가 있다.

(차) 세상 사람들 중에는 "현세(現世)를 발원하려면 관세음보살을 염하고 내세(來世)를 발원 하려면 아미타불을 염한다"는 오해를 가진 이들이 있다.

아미타불은 원래 대비원력(大悲願力)으로 염불 중생을 접인(椄引)하셔서 극락세계에 왕생케 함은 물론이거니와 관세음보살과 대세지보살도 극락세계에 계시면서 중생을 접인 왕생케 하시는 터인 즉, 누구나 극락왕생을 발원하였으면 아미타불을 염하거나 관세음보살을 염하거나 대세지보살을 염하거나 모두 극락에 왕생하는 것인 즉 관세음보살이라고 현세에서만 중생을 호념(護念)하시는 것은 아니다.

(카) 세상 사람들이 염불한다 하면 아미타불을 염하거나 관세음보살 혹은 지장보살을 염하는 것을 통칭(通稱)하여 모두 염불한다고 한다.

염불하는 사람 중에는 관세음보살을 염하는 이가 많으니 이것은 관세음보살이 사람들의 괴로움을 건져 주시고 어려움을 도와주신다 하여 세상 사람들이 세복(世福) 곧 자손 부귀 장수 등을 누리기를 발원하는 까닭이요, 아미타불을 염하는 이가 적은 것은 내세(來世)의 일이라 하여 반신반의 하여 현세의 복락(福樂)과 같이 탐탁하게 생각하지 않는 까닭이며, 또 지장보살을 염하는 사람은 더러 있으나 대세지보살을 염하는 이는 없는 모양이다.

(타) 부처님이나 보살을 염할 때에 두 분이나 세 분을 합하여 염하는 이도 있으나 이것은 한 분을 염하는 것 보다 여러 분을 염하는 것이 더 좋다는 생각으로 여러 분을 염하나, 염불은 원

래 일심(一心)이 되어야 하는데, 만약 여러 분을 염하면 염불이 한결같지 못하여 한 분만을 일심으로 염함만 같지 못하다.

지장보살은 중생을 교화하시고 악도(惡道)에 떨어져서 많은 고통을 받는 중생을 제도하여 우선 심한 고를 면하고 사람, 하늘 등 선도(善道)에 낳게 하시는 보살이시므로 망자(亡者)를 천도(薦度)할 때에는 항상 지장보살을 염하는 것이 통례인데, 이것은 망자가 죄고(罪苦)를 벗고 선도에 낳기를 애원(哀願)하는 것이다.

(파) 관세음보살도 지금 극락세계의 보처(補處)보살로 계셔서 중생을 접인하여 극락에 왕생케 하시거니와 그러나 아미타불은 그 48원(願) 중에 유정(有情)이 아미타불의 명호를 염하면 죽을 때에 극락에 왕생하게 하기를 발원하셨는데 관세음보살은 이러한 원이 없으시다.

또 부처님은 법왕(法王)이시고 보살은 법신(法臣)이시므로 관세음보살을 염하는 공덕은 아미타불을 염하는 공덕만 못할 것이다.

능엄경(楞嚴經)에 사바세계에 현주(現住)하는 보살이 62억 항하사수(恒河沙數)라 하였다.

(3) 염불 사구(四句)의 구별

사바세계는 생멸이 덧없이 헛된 탁악세계(濁惡世界)요, 극락세계는 생사가 없고 영구불변 진실한 청정세계언마는 세상 사람들은 자기의 눈으로 당장 극락세계를 보지 못하고 찬탄한 장엄의 뛰어나고 훌륭한 말을 듣고 옅은 지견으로 상상하지도 못할 일이 많아서 도리어 사바세계를 진실한 세계로 인정하고 극락세계를 허망한 세계로 인정하여 확실히 믿지 못하는 사람이 많다. 그러므로, 세상 사람이 염불하는데 사구의 구별이 생기게 되니 곧 무원염불, 속원염불 진원염불, 양원염불이다.

(가) **무원염불(無願念佛)**은 극락왕생도, 현세탁복(現世濁福) 곧 자손, 부귀, 장수 등도 발원하지 아니하고 다만 염불하면 좋다는 말만 듣고 염불하는 것이다. 원래 염불법문은 극락왕생을 발원하고 염불하여야 왕생하게 되는 것인데, 왕생하려는 발원이 없이 염불만 하여서는 왕생하기가 어렵다.

(나) **속원염불(俗願念佛)**은 현세의 속계 탁복만을 발원하여 염불하는 것이니 이는 미망(迷妄)한 최하의 비열(卑劣)한 발원이다. 부처님이 49년 동안을 설법하신 것은 육도(六度)를 중생들이 수레바퀴처럼 돌고 돌아 끝이 없이 전전(轉轉)하여 무시무종(無始無終)으로 돌아가며 고를 받는 것을 제도하시어 속히 성불하는 길을 가르치신 것이어늘, 육도를 벗어날 생각은 없고 현세에 눈이 어두워 이 탁악세계에서 고의 원인이 되는 탁복만을 받으려 발원하니 실로 연민할 중생이다.

(다) **진원염불(眞願念佛)**은 극락왕생만을 발원하고 염불하는 것이니 이것은 진정한 무상의 발원이므로 왕생만 발원하고 일심으로 염불하면 저절로 현세에서는 몸과 마음이 안온하고 가내가 태평하며 하는 일이 여의할 뿐아니라. 죽을 때에 반드시 왕생하게 될 것이니, 이와 같이 현세와 미래에 있어서의 효과는 참으로 일거양득의 법이니 염불하는 사람은 명심하여 알아두어야 할

것이다.

(라) 양원염불(兩願念佛)은 속원(俗願)과 진원(眞願)을 겸하여 염불하는 것이니 이것은 두 원이 뒤섞이어 구별이 안 되어 발원이 한결같지 못하고 부처님의 본뜻과도 어긋나므로 왕생하기 어렵다.

(4) 염불삼매

삼매(三昧)는 옛말이오. 새말에는 삼마지 (三摩地)라 쓰고 정정(正定) 등지(等持)라 번역한다.

정정(正定)은 올바르지 못하고 어지러움을 여의므로 '정(正)'이라 하고 마음이 한 경(境)에 머무르게 하므로 '지(持)'라 한다.

염불삼매(念佛三昧)라 함은 염불하는 이가 마음으로써 부처님께 반연(攀緣)하며, 부처님으로써 마음에 얽매어 마음과 마음이 서로 상속하여 끊어지지 아니하면, 이때에 안으로 마음이 일어나지 아니하고, 밖으로 경계(境界)가 침입하지 아니하여, 여러 가지 수(受)를 받지 아니하고, 정주(正受)를 얻게 되는 것이니, 이것을 염불삼매라 한다.

염불삼매를 구별하면 두 가지가 있으니,

(1) 일심으로 부처님의 상호(相好)를 관념(觀念)하거나 혹은 일심으로 법신(法身)의 실상(實相)을 관념하거나 (이상 두 가지는 관상염불觀相念佛) 또는 일심으로 불명을 칭념(稱念)하는 행법을 닦는

것을 염불삼매라 하니 이것은 인행(因行)의 염불삼매라 한다.

(2) 위의 세 가지 인행이 과(果)를 이루어 마음이 선정(禪定)에 들어서 혹은 불신(佛身)이 눈앞에 나타나거나 혹은 법신(法身)의 실상에 꼭 들어맞는 것을 염불삼매라 하니 이것은 과성(果成)의 염불삼매라 한다.

인행(因行)의 염불삼매는 이것을 수(修)라 하고, 과성(果成)의 염불삼매는 이것을 발득(發得: 지혜가 생기므로 점점 얻게 되는)이라 한다.

관불삼매해경(觀佛三昧海經)에는 염불삼매를 성취함에는 오연(五緣)이 있으니,
① 계행(戒行)을 지니고 범하지 아니 할 것,
② 사견(邪見)을 일으키지 아니할 것,
③ 아첨하며 교만하지 아니 할 것,
④ 자기 마음에 맞지 않는 것을 성내고 원망하며 시기 질투하지 아니할 것,
⑤ 용건정진(勇健精進)할 것 이라 하였다.

(5) 선지식에게 배워야 한다

세상 사람들은 한 번 보고 들은 것이 선악(善惡)간에 머릿속에 들어가 있으면 그것을 바꾸어 고치기가 대단히 어려운 모양인데 이것을 선입견(先入見)이라 한다.

이 선입견이 있는 사람은 소견(所見)만 고집하며 또 옳은 법(法)을 가르쳐 주어도 시키는 대로 잘 하지 아니하고, 자기의 소견만 고집하며 또 옳은 법을 알지 못하므로, 이 법 저 법을 섞어서 행하는 사람도 있으나 이것은 모두 선지식 만나지 못한 까닭이다.

선지식이라는 것은 자기도 옳은 도(道)를 닦으면서 다른 사람을 옳은 도로 가르쳐 이끄는 이를 말함이니 불보살도 선지식이요, 옳게 잘하는 이는 다 선지식이다. (부정한 도를 가르치는 스승이나 벗은 악지식惡知識이다).

경(經)에 말씀 하시기를

도(道)를 얻는 데는 선지식이 전인연(全因緣)이라 하셨고, 성암법사(省庵法師)는 "세간의 사소한 기술도 선생이 있어야 하거늘 하물며 불법에 있어 서랴." 하였으니 공부하는 데는 선지식을 만나야 하는 것이며, 임종 때에는 선지식이 더욱 긴요한 것이다.

만일 선지식을 만났거든 그의 지도하는 대로 곧 실행하여야 하나니, 다른 일을 핑계하고 차일피일 하다가 필경 실행하여 보지도 못하고 명(命)을 마치어 대사(大事)를 그르치게 되면 이 보다 더 큰 원통한 일이 어디에 있겠는가.

적실화상(寂室和尙)이 말하기를

"세상 사람이 정토를 닦으려 하거든 지금 몸이 건강할 때에 부지런히 닦을 것이다. 만일 지금은 바쁘니까 조금 한가하거든 닦겠다 하거나, 지금은 가난하니까 부자가 되거든 닦겠다 하거나, 아직 나이 젊으니까 늙어지거든 닦겠다 하면서 닦지 아니하다가 별안간에 죽게 되면 잘못 된 뒤에 아무리 후회하여도 어찌 할 수가 없으리라" 하였다.

(6) 일념(一念)이 다념(多念)과 같다는 설

한 번 불명(佛名)을 염(念)하는 것이 여러 번 염하는 것과 같으냐 다르냐에 대하여 아래와 같이 말하였다.

(1) 낙방문류(樂邦文類)에 "석가모니불이 계실 때에 어떤 속가의 늙은 남녀 두 사람이 곡식 한 말을 가지고 수를 세어 가면서 아미타불을 염하여 정토왕생을 원하는 것을 보시고 '나무서방정토극락세계 삼십육만억일십일만구천오백 동명동호 대자대비 아미타불(南無西方淨土極樂世界 三十六萬億一十九千五百同名同號 大慈大悲 阿彌陀佛)'을 한 번 염하는 것이 많은 곡식 수와 같이 염하는 것과 공덕이 같다고 말씀하셨다" 한다.

그러나 이 불호는 모든 정토계에서 찾아볼 수 없고 당나라 비석선사(飛錫禪師)의 보왕론(寶王論)에 비로소 이 불호로써 일념다념문(一念多念門)을 세웠고, 다음에 시랑(侍郎: 벼슬이름) 왕고(王古)가 직지정토결의집(直指淨土決疑集)에 이 일을 말하였다.

그 후에 삼문직지(三門直指)에는 '나무서방정토극락세계불신장광상호무변 금색광명 변조법계 사십팔원 도탈중생 불가설 불가설 전불가설 항하사불찰 미진수 도마죽위 무한극수 삼백육십만억일십일만구천오백 동명동호 대자대비 아등도사 금색여래 아미타불(南無西方淨土極樂世界 佛身長廣 相好無邊 金色光明 邊照法界 四十八願 度脫衆生 不可說 不可說 轉不可說 恒河沙佛剎 微塵數 稻

麻竹葦 無限極數三百六十萬億一十一萬九千五百 同名同號 大慈大悲 我等導師 金色如來 阿彌陀佛)'의 명호가 금색아미타불경(金色阿彌陀佛經))에서 나온 것인데, 한 번 염하고 한 번 절하면 십념 예념(禮念)한 공덕과 같다고 하셨다.

위의 두 불호는 염불하는 사람이 이것을 참고로 한 번 볼 뿐이고 항상 '나무아미타불' 혹은 '아미타불'만 오로지 염할 것이다

(2) 십념하여 왕생하는 것보다도 일념에 왕생하여 불퇴지(不退地)에 오르는 것이 정당하다.

그 이유는 오역(五逆)과 사중죄(四重罪)도 모두 일념에 악업을 이루어 무간지옥(無間地獄)에 떨어지는 것이 활 쏘는 것과 같고, 또 일념에 선업을 이루어 극락정토에 왕생하는 것은 팔을 굽히는 것과 같다.

무량수경(無量壽經)에도 "일념염불(一念念佛)에 모두 왕생한다" 하셨으나 관무량수경(觀無量壽經)에는 십념(十念)이라 한 것은 임종시에 극병(劇炳)이 있어서 기운이 없고, 마음이 줄어들므로 십념을 불러서 일념을 돕게 한 것이다.

중국 당나라의 장선화(張善和)는 백정(白丁)을 직업으로 하여 생전에 지은 업이 순전히 흑업(黑業)이므로 이와 같은 사람은 설혹 선지식을 만나서 염불을 가르쳐 주더라도 일념만으로는 부족하므로 십념으로써 그 부족한 것을 돕는 것이다.

그러나 만약 염심(念心)이 왕생하고 심신(心神)이 어리석고 둔하지 아니하면 다만 일념으로도 족하니 마치 실과 머리카락 같

은 묘목(苗木)을 심어서 백 아름이나 되는 거목이 되는 것과 같이 일념의 힘이 굉장히 큰 것이다.

(3) 선업과 악업이 모두 일념으로 결과하는 것인데 일념이 일체염(一切念)을 갖추어 있으므로 일념이 십념보다 하열하지 아니하고 또 십념이 즉 일념이므로 십념이 일념보다 우월할 것 없으나 부처님이 혹 일념을 말하시고 십념을 말씀하신 것은 여래의 뛰어난 방편이시다.

부처님께서 중생을 교화하실 때에 간이(簡易)한 곳에서는 간이하게 말씀하시고 번다(繁多)한 곳에서는 번다하게 하셨으니, 간이한 곳에서 일념을 가르치신 것은 그 온 정력을 다하는 마음이 치밀하고 한결같으므로 일념이 다념(多念)보다 수승한 까닭이고, 또 번다한 곳에서 십념을 가르치신 것은 숙습(宿習)이 짙으므로 다념이라야 제거할 수 있으니 적은 염으로 삼매(三昧)를 이루기 어려운 까닭이다. 그러나 이것은 한 방편에 불과하고 실은 일이 곧 이요 이가 곧 일인 즉 일념 십념 분별할 것이 없다.

(7) 십념왕생(十念往生)의 의의

어떤 이가 묻기를 "경에는 중생의 지은 업(業)이 저울과 같아서 무거운 데로 먼저 끌린다 하였는데 중생들이 오늘날까지 나쁜 짓을 짓지 아니한 적이 없거늘 어떻게 임종 시의 십념(十念) 염불로 곧 왕생 할 수 있겠는가. 만일 십념으로 왕생한다면 무거운 데로 끌린다는 말은 어떻게 해석할 것인가" 하였더니 그것은 오늘에 이르기까지 지은 나쁜 업이 중하고 십념의 선(善)이

경(輕)하다 하거니와 십념으로 왕생되는 것은 곧 마음에 있고 연(緣)에 있으며 결정(決定)에 있는 것이므로 시간의 오래고 짧음이나 일의 많고 적은 데 있는 것이 아니다.

(가) 마음에 있다는 것은 사람이 죄를 지을 때에는 허망하고 전도된 마음으로 짓는 것이요 이 십념은 선지식의 안위(安慰)에 의하여 실상법(實相法)을 듣고 염불하는 것이므로 하나는 허망하고 하나는 진실하거늘 어찌 대비할 수 있으랴. 천 년이나 묵은 어두운 방도 일찰나의 광명으로 밝게 할 수 있는 것 아닌가. 그러므로 유일마니보경(遺一摩尼寶經)에는 "중생이 비록 수천거억만겁(數千巨億萬劫)을 애욕 중에서 죄에 덮여 있더라도 만일 불경을 듣고 일념이 선하면 죄가 사라져 없어진다" 하셨으니 이것이 마음에 있다는 것이다.

(나) 연(緣)에 있다는 것은 사람이 죄를 지을 때에는 망상에 의하고 또 번뇌(煩惱)과보중생에 의하여 생기는 것이나, 이 십념은 무상신심(無上信心)에 의하고 또 아미타불의 진실 청정한 한량없는 공덕에 의하여 생기는 것이니, 마치 사람이 독(毒)한 화살을 맞아 골육(骨肉)이 깨어져 상하였더라도 멸제약고성(滅除藥鼓聲)을 들으면 화살이 나오고 독이 제거되는 것과 같으니, 이것이 연(緣)에 있는 것이다. 능엄경(楞嚴經)에 "비유하면 한약이 있으니 이름이 멸제(滅除)라, 만약 전쟁할 때에 이 약을 북에 바르면 그 북소리를 듣는 이는 화살이 빠지고 독이 제거되는 것이니 보살마하살도 이와 같이 수능엄삼매(首楞嚴三昧)에 머무르면 그 이름을 듣는 이가 삼독(三毒)의 화살이 저절로 빠져 나온다" 하였다.

(다) 결정(決定)에 있다는 것은 사람이 죄를 지을 때에는 유후심(有後心) 유간심(有間心)에 의하여 생기는 것이요, 이 십념은 무후심(無後心) 무간심(無間心)에 의하여 생기는 것이니, 이것이 결정에 있는 것이다.

지도론(智度論)에는 "일체 중생이 임종 시에 죽는 고(苦)가 매우 절박하여 대단히 두려워하는 마음이 생기므로 이때에 선지식을 만나서 대용맹을 발하여 마음과 마음이 계속하여 끊어지지 않으면 이것이 증상선근(增上善根)이 되어 곧 왕생케 되는 것이다. 마치 사람이 적을 대하여 진(陣)을 쳐부술 때에 평생에 있는 힘을 다 쓰는 것 같이 이 십념의 선근도 그러한 것이고 또 임종 시에 일념의 사견증상악심(邪見增上惡心)이 생기면 능히 삼계의 복(福)을 기우려서 곧 악도(惡途)에 들어가게 된다" 하였다. (安樂集)

임종 시의 염불하는 마음 밖에 후심(後心)이 없고 후심이 없으면 딴 생각이 섞이지 않으므로 임종 시에는 무후(無後) 무간(無間)의 견고하고 흔들리지 않는 맹렬하고 날카로운 마음으로 행하는 것이고 평상시의 악업은 유후(有後) 유간(有間)의 견고하지 못하고 흔들리며 맹렬하지 못하고 날카롭지 못한 마음으로 행하는 것이다.

십념에 왕생하는 것은 마음에 있고, 경계(境界)에 있고, 정(淨)에 있는 것이다.

(가) 마음에 있다는 것은 죄를 짓는 것은 허망심(虛妄心)이요, 염불하는 것은 진실심(眞實心)이니 진실로서 허망을 떨어버리는 것이 마치 천 년이나 된 어두운 방에 아침 해의 밝은 빛을 막지

못하는 것 같은 것이다.

(나) 경계(境界)에 있다는 것은 죄를 짓는 것은 전도경계(顚倒境界)에 연(緣)한 것이요, 염불은 뛰어나게 기묘한 공덕에 연한 것이니 진정(眞正)으로써 허위(虛僞)를 여의는 것이다.

(다) 정(淨)에 있다는 것은 죄를 짓는 것은 염의(染意)요, 염불하는 것은 정심(淨心)이니, 정심이 염의를 이기는 것이 마치 동자(童子)의 칼이 능히 천 장(丈)의 노끈을 끊으며 작은 불이 능히 만 속(束)의 땔 나무를 태우는 것 같은 것이다.

(문) 중생의 지은 죄업(罪業)이 산같이 쌓이었는데 어떻게 십념(十念)으로 그 죄업을 멸(滅)할 수 있겠는가. 비록 백만념을 하더라도 그 많은 죄업을 다 없앨 수 없거늘 어떻게 죄업을 다 없애지 못하고 정토에 왕생하겠는가.

이에 대하여 다음의 세 가지 뜻이 있다.

(1) 그 악업을 멸하지 아니하더라도 정토에 왕생할 이는 임종시에 정념(正念)이 앞에 나타나 능히 시초 없는 이래로 또는 일생 이래의 지은 선업을 이끌어 서로 도와서 왕생하는 것이다.

(2) 부처님의 명호(名號)는 통틀어 만덕(萬德)을 이룬 것이니 일념염불(一念念佛) 하는 이는 즉 일념 중에 통틀어 만덕을 염하는 것이다.

(3) 시초 없는 이래의 악업은 망상으로 지은 것이니 어두움과 같고 염불공덕은 진심으로 생기는 것이니 태양과 같다.

태양이 나오면 온갖 어두운 것이 없어지듯이 진심이 잠깐 일어나면 망심(妄心)이 제하여지는 것이므로, 임종 시에 십념을 성취하면 반드시 왕생하게 되는 것이다.

(문) 평시에 약간 염불하던 사람이라도 임종 시에 십념으로 왕생한다고 반드시 때를 정해 약속하기 어렵거늘 하물며 평시에 염불하지 않던 사람이 어떻게 임종 시의 십념으로 왕생할 수 있겠는가.

(답) 약간 염불이라는 것은 일심으로 계속 염불하지 아니하고 매일 몇 번씩 염불함을 말하는 것이니 이렇게 염불하는 사람은 염불하지 아니한 이와 다를 것이 없다.

그러나 약간 염불한 사람이거나 염불하지 아니한 사람이거나 임종 때에는 짧은 시간의 심력(心力)이 맹렬한 까닭에 십념으로 왕생할 수 있으니 다음 세 가지 뜻이 있다.

(1) 짧은 시간의 심력이 능히 종신토록 악을 지은 사람을 이기는 것이니 비록 짧은 시간이라 하더라도 그 힘이 맹렬하여 이 마음의 맹렬한 결심이 곧 대심(大心)이며 몸을 버리는 일이 급하기가 마치 전쟁터에 들어 간 사람이 신명(身命)을 아끼지 아니함과 같은 것이다.

(2) 혹 승(乘)이 급하고 계(戒)가 더디더라도 임종 시에 염불을 권하면 곧 신심이 생기고 비록 현세에 수행하지 않았더라도 역

시 숙세(宿世)의 선업이 강하므로 임종 시에 선지식을 만나서 십념에 성공하는 것이다.

(3)염불할 때에 반드시 깊은 후회가 있어서 자신의 온 정력을 다하는 마음과 부처님의 원력(願力)으로 얻은 이 십념이 능히 백천만념을 당하는 것이다.

그러므로 경에 말씀하시기를 "일체 중생이 아미타불의 원력에 지지(支持)되어 세세(世世)에 놓지 아니하시니 이 뜻이 있으므로 부처님의 대원해(大願海) 중에서 그 이름을 한 번 일컬으면 능히 팔십억 겁의 생사 중죄를 멸하고 곧 부처님을 따라서 왕생한다" 하였다.

(8) 십념왕생(十念往生)과 주의할 일

사람이 만약 과거의 선인(善因)이 있으면 임종 시에 선지식을 만나서 십념이 성취되어 왕생하기 쉬울 것이요, 또 과거의 인(因)이 없더라도 임종 시에 일심(一心)으로 십념을 계속하고 운명전후에 행사를 법에 맞추어 실행하면 왕생할 수 있다.

그러나 십념이라는 것은 평소에 대단히 분망한 사람이 아침에나 저녁에 십념씩 하거나 또는 평시에는 염불을 알지 못하던 사람이 임종 시에 선지식에게 염불하라는 권고를 받고 십념하는 것과 같이 오래도록 염불할 여가가 없을 경우에는 십념법을 응용할 것이다.

그런데 세상 사람들 중에는 십념왕생이란 말을 듣고 임종 시에 십념만 하면 왕생 할 수 있다 하여 평시에는 염불하지 아니하고 임종 시에만 십념하려는 이가 있으니, 평시에 염불하지 아니하고 임종의 십념만 믿다가 만일 과거의 인(因)도 없고, 평시에 염불한 공덕도 없는 이로서 불의의 사고나 기타 환경으로 인하여 임종 시에 염불을 못하게 되거나 행사를 법에 맞추어하게 하지 못하게 되면 왕생할 수 없을 것이다.

그러므로 평상시에 부지런히 염불하여 왕생할 자량(資糧)을 예비하여야 임종 시에 왕생하기 쉬우려니와 생품(生品)도 반드시 높을 것이다.

(문) 일생에 악업을 지었더라도 임종 시에 염불만 하면 업을 벗고 왕생한다 하니, 생시에 세사(世事)에만 분망하다가 임종시에 염불하여도 무방하겠는가.

(답) 소위 역악범부(逆惡凡夫)로서 임종 시에 염불하는 이는 숙세(宿世)의 선근공덕(善根功德)이 있으므로 선지식을 만나서 염불하게 되는 것이거니와, 이러한 요행은 만에 하나도 있기 어려운 것이다.

이 세상에 열 가지의 사람이 임종 시에 염불하지 못하게 되는 것이 있으니

(1) 선우(善友)를 만나지 못하는 이
(2) 업고(業苦)가 몸에 얽힌 이
(3) 중풍으로 말을 못하게 되는 이

(4) 미친 듯이 어지러움으로 실심(失心)한 이
(5) 수화(水火)의 재(災)를 만난 이
(6) 호랑이에게 죽은 이
(7) 임종에 악우(惡友)를 만난 이
(8) 혼미하여 죽은 이
(9) 군진(軍陣)에서 전사하는 이
(10) 급한 낭떠러지나 높은 바위에서 낙사(落死)하는 이 등이다.

(9) 염불하는 기간의 길고 짧음

(문) 관경(觀經)에는 "임종 시에 일념내지 십념으로 왕생한다" 하였고, 아미타경(阿彌陀經)에는 "1일 내지 7일 동안 일심불란(一心不亂)하면 왕생한다" 하였으며, 무량수경(無量壽經)에는 "몸과 목숨이 끝나도록 한결같이 염불하여야 왕생한다" 하였으니, 몸과 목숨이 끝나도록 염불하여야 왕생한다면 일념, 십념, 1일, 7일에 왕생 한다는 말은 허언(虛言)일 것이고 1일 내지 7일이 참말이라면 몸과 목숨이 끝나도록 하라는 것은 무슨 뜻인가?

(답) 위의 세 가지 말이 모두 허언이 아니다.

중생이 정토의 가르침을 듣는데 빠름과 늦음이 있고 발심할 때에 더딤과 빠름이 있으며 수명에 장단이 있으므로, 제경(諸經)의 교설(教說)이 동일하지 아니한 것이다.

만약 임종 시에 처음으로 선우(善友)를 만나서 발심 염불하여도 왕생할 것이고, 또 일, 이일 내지 여러 날 후에 명(命)이 다

할 사람에게는 그 명을 따라서 염불할 것을 가르쳐 주었을 것이고, 장수한 이에게는 그 목숨이 다하도록 염불하라고 가르쳤을 것이므로, 삼경(三經)의 교설이 같지 아니한 것이다.

즉 관경(觀經)에는 “금방 임종하려는 이에게 대하여는 일념 십념에도 왕생한다” 하신 것이고, 아미타경(阿彌陀經)에는 “몇 날을 지나서 운명할 이에게 대하여는 일 내지 칠일 동안 염불하면 왕생한다” 하신 것이고, 무량수경(無量壽經)에는 “장수할 이에게는 장시간 염불하면 역시 왕생한다” 하신 것이다.

또 아미타경(阿彌陀經)의 일일 내지 칠일의 기한은 이둔(利鈍)에 대한 말씀을 하신 것이고, 무량수경(無量壽經)과 고음성왕경(鼓音聲王經)의 십념, 대집경(大集經)의 칠칠일과 반주삼매경(般舟三昧經)의 구십일은 둔근(鈍根)을 위한 말씀을 하신 것이니, 십념이나 일일 등은 기한이 너무 짧고 칠칠일 구십일은 너무 길거니와 그 중 칠일이 중도(中道)에 처(處)한 것이다.

(10) 1일 · 7일 일심불란(一心不亂)의 의의

(문) 아미타경에 일일 내지 칠일이라는 것은 염불의 기간인가 혹은 일심불란(一心不亂)의 기간인가.

(답) 일일 내지 칠일은 일심불란 하여 정(定)에 있는 기간을 가르치신 것이고 염불의 일일 내지 칠일에 곧 일심불란을 얻는 것

을 말한 것이 아니다. 일심불란의 기간이 길면 칠일, 짧으면 일일이고 길고 짧은 것은 다르나 일심(一心)은 같은 것이다.

(문) 아미타경에 칠일 일심불란이라 한 것은 어째서 칠일이라 하였는가.

(답) 칠일은 세간, 출세간의 사물을 말할 때에 흔히 칠수(七數)를 말하나니, 예컨대 예참(禮懺)의 칠일, 지주(持呪)의 칠변, 경의 칠중난순 칠중라망 칠중항수, 종묘(宗廟)의 칠대봉사 치성(致誠)의 칠일 칠일재계(七日齋戒) 등과 같은 것이다.

또 일일 내지 칠일은 이근(利根) 둔근(鈍根)에 대한 것이다. 이근(利根)은 일일 만에 성공하여 곧 일심을 얻어서 마음이 어지러워지지 않게 되고, 둔근(鈍根)은 이, 삼일 내지 칠일 만에 마음이 순일하게 되는 것이며 또 이근은 칠일을 지내도 마음이 어지러워지지 않으며, 둔근한 이는 육, 오일내지 일일을 지내면 흩어져 어지럽게 되는 것이다.

(문) 일일 내지 칠일에 일심불란 하던 것이 그 후에 능히 일심(一心)이 되지 못하여도 왕생할 것인가.

(답) 한 번 일심(一心)이 된 뒤에는 다음에 조금 흩어져 어지러워지더라도 크게 흩어져 어지러워지지 아니할 것이며 항상 스스로 날날이 검사하고 누누히 홍원(弘願)을 발하면 왕생하지 못할 자가 없을 것이다.

(문) 평시에 가령 칠일을 일심불란한 뒤에 다시 의혹을 일으켜 업(業)을 짓더라도 왕생할 수 있는가.

(답) 만약 일심불란된 사람이면 다시 혹은 일으켜서 업을 짓는 일이 없을 것이다.

(11) 관상염불(觀想念佛) 하는 법

관상염불(觀想念佛)은 행자(行者)가 먼저 서향(西向)하여 결가부좌(結跏趺坐) 또는 반가부좌(半跏趺坐)하고, 아미타불의 수인(手印)을 맺은 뒤에 부처님의 몸빛이 진금색(眞金色)으로 되신 일장육척(一丈六尺)의 불상이 칠보(七寶)로 된 연못 위에 서 계시거나 앉아 계신 것을 관념(觀念)하며, 또 32상(相)을 한 상(相)씩 낱낱이 관념하거나 혹은 미간(眉間) 백호상(白毫相)만 관념하는데, 이 백호상을 관념하는 것이 오래 되어서 숙습(宿習)하면 자연히 감응(感應) 되어 32상을 관념하는 법은 32상 중의 발바닥이 편평하게 찬 족하평만상(足下平滿相)에서부터 관념을 비롯하여 거슬러 올라가며, 한 상(相)씩 관념하여 정계육골상(頂髻肉骨相)에까지 이르고, 다시 정계육골상에서부터 순(順)으로 내려오면서, 한 상씩 관념하여 족하평만상까지 이르되 조금도 다른 관념이 없이 똑똑하게 관념하는 것이다.

미간 백호상을 관념하는 법은 부처님의 눈썹 사이에 위로 향하여 흰 털 하나가 있는 것을 미간 백호상이라 하니 빛깔이 선명하고 희며 광채가 있고 맑기가 백설(白雪)보다 더 희며 부드럽기가 도라면 과 같고 여덟 모가 졌으며 가운데가 비고 주위가 다섯 치이며 잡아당기면 길이가 일장 오척(一丈 五尺)이요 놓으면 오른 편으로 다섯 번 비틀려서 유리통과 같이 된다고 한다.

이 상(相)을 관념하는 법도 32상을 관념함과 같이 조금도 다른 잡념이 없이 명확하고 똑똑하게 관념하는 것이다.

어떤 일을 하든지,
어떤 사람을 만나서 어떤 말을 듣든지,
모두 수시로 알아차림[覺照]을 하여
번뇌를 일으키지 않고,
따지고 분별하지 않으며,
부처님 명호가 뚜렷하여 잃지 않아야
비로소 진정한 자재[眞自在],
참된 수행이라고 할 수 있습니다.
- 정토도언

5. 조행염불(助行念佛)

(1) 몸과 마음을 청정히 할 것

행자(行者)가 조행을 닦으려면 먼저 몸과 마음을 깨끗이 하여야 하나니 몸과 마음을 깨끗이 함에는 신심원리(身心遠離) 희족소욕(喜足小欲) 사성종(四聖種)의 삼정인(三淨因)이 있다. 이것을 신기청정(身器淸淨)의 삼인(三因)이라고도 한다.

① **신심원리(身心遠離)**는 몸에는 악우(惡友) 등과 악연을 멀리 여의고 마음에는 악의 사상분별(思想分別)을 일으키지 말아야 할 지니 이 신심원리를 성취하려면 희족소욕에 의하여야 한다.

② **희족소욕(喜足小欲)**의 희족(喜足)이라 함은 이미 얻은 의복 음식 등에 만족함을 말함이고, 소욕(小欲)은 아직 얻어지지 아니 하였을 때 크게 구하지 아니함이니, 이것으로써 불희족대욕(不喜足大欲)을 고친다.

불희족대욕은 욕계(欲界)의 탐번뇌(貪煩惱)요 희족소욕은 무탐(無貪)의 심소(心所)니 삼계(三界) 및 무루(無漏)에 통하는 것으로 이 희족소욕에 의하여 사성종(四聖種)에 머물음을 얻는다.

③ **사성종(四聖種)**은 의복희족성종(衣服喜足聖鐘), 음식희족성종(飮食喜足聖種), 와구희족성종(臥具喜足聖鐘), 악단수성종(樂斷修聖鐘)의 네 가지를 말함인데, 앞의 셋은 의복 음식 와구(곧 住處)에

대하여 희족(喜足)의 마음에 머무는 것을 말함이요. 뒤의 하나는 번뇌를 끊고 성도(聖道)를 닦는 것을 좋아하는 것이니 이것은 삼계의 탐탐욕을 버리는 것이므로 무탐(無貪)을 성(性)으로 한다 할 것이다. 이 사성종의 네 가지는 모두 성도를 낳게 하는 시초이므로 성종(聖種)이라 한다.

(2) 예배(禮拜)

행자는 매일 조석으로 사성례(四聖禮)를 행하여야 할지니 먼저 깨끗한 방에 아미타불, 관세음보살, 대세지보살, 삼성(三聖)의 상(像)이나 화상(畵像)을 모시되 아미타불을 동향(東向)으로 모시고 그 왼편에는 관세음보살, 오른편에는 대세지보살을 모실 것이다. 만일 삼성의 상이 없으면 아미타불상 만을 동향으로 모시고 그 앞에는 향로 하나를 놓고 다른 물건은 많이 두지 말 것이다. 만약 불상이 없으면 불명(佛名)을 써서 족자(簇子)를 만들어 걸 것이며 그것도 없으면 서향(西向)하여 사성례만을 행하되 먼저 분향하고 바로 서거나 꿇어앉거나 결가부좌 혹은 반가부좌하고 합장 또는 아미타불 수인(手印)을 맺고 사성예문(四聖禮文)을 외우며 예배한 후에 물러난다.

조석으로 사성례 뿐 아니라 무시로 불상에 예배하여야 할지니, 불상에 대하여는 진불(眞佛)을 뵈옵는 것과 같이 공경하고 조금도 소홀한 생각을 가지지 아니하여야 한다.

『염불경(念佛鏡)』에 석가모니불이 그 어머니 마야부인(摩耶夫人)을 위하여 도리천(忉利天)에 올라 가셔서 설법하시고 90일이나 계셨는데, 그때에 인도의 우진왕(優塡王)이 부처님을 생각하나 뵈올 수가 없으므로 장인을 보내어 불상을 만들었더니, 부처님이 하늘에서 내려오시므로 우진왕이 모든 신하를 거느리고 맞을 때에 불상도 부처님을 맞아서 부처님이 불상과 같이 서시니 불상이 부처님과 흡사한지라 부처님이 손으로 불상의 이마를 만지시며 말씀하시기를 "나는 미구에 열반(涅槃)할 터이니 네가 오래 세간에 있어서 유정(有情)을 교화하라" 하셨다.

이와 같이 부처님께서도 불상을 공경하시거늘 하물며 유정이야 어찌 공경하지 아니하리오. 또 『지장십륜경(地藏十輪經)』에는 "한 사냥꾼이 가사(袈裟)를 입었더니 코끼리가 일어나서 공경한 덕으로 코끼리는 도리천에 태어나서 91겁(劫) 동안이나 낙(樂)을 받았다. 불상도 이와 같이 공경하면 존귀(尊貴) 영화(榮華)를 누리고 정토에 난다" 하셨다. 불상의 시초는 인도의 우진왕이 최초에 전단(栴檀)나무로 불상을 만들고 파사왕(波斯王)은 금으로 불상을 만들었다.

『업보차별경(業報差別經)』에는 예불(禮佛) 일배(一拜)에 열 가지 공덕을 얻는다 하였는데 다음과 같다.

① 묘색신(妙色身)을 얻는다.
② 말을 내면 사람이 믿는다.
③ 중(衆)에서 처(處)하여 두려움이 없다.
④ 부처님이 항상 돌보아 주신다.
⑤ 큰 위의(威儀)를 갖춘다.
⑥ 많은 사람이 친히 붙는다.
⑦ 하늘이 애경(愛敬)한다.
⑧ 큰 복덕(福德)을 갖춘다.

⑨ 명종(命終)하면 왕생한다.
⑩ 속히 열반(涅槃)을 증(證)한다.

(3) 공양(供養)

공양은 공급(供給) 자양(資養)하는 뜻이니 제불(諸佛)께 공양하기 위하여 향(香) 화(華: 꽃) 음식 등을 공양하는 것이니 공양에 세 가지가 있다.

① 이양공양(利養供養)은 음식 의복 와구(臥具 곧 住處) 등이고,
② 공경공양(恭敬供養)은 향(香) 화(華) 등명(燈明) 증개(增蓋) 당번(幢幡) 등이며,
③ 행공양(行供養)은 보리심을 발하여 자리이타(自利利他)의 행을 닦는 것이다.

이양공양과 공경공양을 합하여 재공양이라 하고 행공양을 법공양(法供養)이라 한다.

(4) 경문(經文)과 주문(呪文)

불경이나 주문(呪文)도 불상과 같이 공경하는 마음으로 대하여야 하며 깨끗한 곳에 두되 경책 위에 다른 외전(外典)이나 물건을 놓지 말 것이며, 또 경(經)을 볼 때에는 깨끗한 손으로 단정히 앉아서 보고 몸을 파탈(擺脫)하였을 때나 누웠을 때와 같이 술 취하였을 때에는 보지 말 것이며 경책을 베개로 삼지 말고

아무리 헌 경책이라도 불을 때서는 안 된다.

부처님의 경전과 세간의 서적이 문자는 비록 같으나 불경은 중생을 널리 이익케 하는 것이며, 천룡팔부(天龍八部)가 모두 옳은 줄로 믿고 받드는 것이므로 이것을 범연한 서적에 비할 것이 아니다.

세간의 폐서는 설사 다 태워 버리더라도 오직 불경만은 태워 버릴 수 없나니, 불경의 복혜(福慧)가 사람에게 미치는 것이 세간의 서적보다 월등한 까닭이다.

불경이 헐어 못 쓰게 되어 읽을 수 없게 되었을 경우에 깨끗하게 태운 후에 그 재를 정한 헝겊에 사서 강물에나 바다에 띄워 보낼 것이다.

부처님이 극락세계의 일만을 말씀하신 경문(經文)에 『무량수경無量壽經』『관무량수경觀無量壽經』『아미타경阿彌陀經』이 있는데, 『무량수경』과 『관무량수경』은 번다(繁多)하여 항상 읽기 어려워서 간혹 보는 것이 좋고, (아미타경)은 간단하여 외우기 편리하므로 이 경과 왕생주(往生呪) 등을 매일 한 번이나 여러 번 외워도 좋으며, 왕생에 관한 경문이나 주문 이외의 경문이나 주문은 읽거나 외우지 말 것이다.

(5) 참회(懺悔)

참(懺)은 앞서 지은 허물을 뉘우치는 것이고, 회(悔)는 장차 지을 허물을 뉘우치고 고치는 것이다. 염불하는 사람은 앞서 지은 죄업(罪業)을 참회하고 다시 죄업을 짓지 아니하여야 한다. 참회하지 아니하면 무량겁(無量劫) 이래의 죄업이 제거되지 못하는 것이니, 마치 때 묻은 옷은 빨아야 신선하고 먼지 앉은 거울은 닦아야 밝은 것과 같이 업장(業障)이 제거되어야 마음이 청정하여지는 것이다. 그러므로 항상 부처님 앞이나 자기의 마음속에서 진심성의(眞心誠意)로 불전(佛典)에 죄장(罪障)을 참회할 것이며, 또 어쩌다가 죄과(罪過)를 범하였거든 시각을 지체하지 말고 곧 참회하여야 한다. 참회에는 작법참(作法懺) 취상참(取相懺) 무생참(無生懺)의 세 가지가 있다.

① **작법참(作法懺)**은 불전(佛典)을 향하여 죄과를 낱낱이 펴 놓아서 언어 동작의 소작(小作)이 법도에 따르는 것이니, 이것은 계율을 범한 죄를 멸하는 것이다.

② **취상참(取相懺)**은 매우 성실한 마음으로 참회하여 부처님이 오시어서 손으로 이마를 어루만지시는 등의 상서로운 징조를 느끼는 것을 기한으로 하는 것이니 이것은 번뇌의 죄성(罪性)을 멸하는 것이다.

③ **무생참(無生懺)**은 바로 마음을 가다듬고 단정히 앉아서 무생(無生)의 이(理)를 관(觀)하는 것이니, 이것은 중도(中道)를 가로막는 무명(無明)을 멸하는 것이다. 한 마디 아미타불을 염불하면 능히 80억겁(劫)의 생사 중죄(重罪)를 멸하며, 염불이 세 가지 참회에 통하는 것이니, 참회하며 염불하는 것이 간단하고 쉬운 참회법이 된다.

(6) 애련탐착(愛戀貪着)을 끊을 것

예전에 어떤 사람이 산에 갔다가 호랑이를 만나 겁결에 '나무불(南無佛)'을 부른 공덕으로 선근(善根)이 익어져서 나중에 성불하였다는 것과 같이 불법을 알면 그 인연으로 말미암아 설혹 지옥에 떨어졌다가도 그 뒤에 사람이 되어 다시 불법을 닦아서 육도(六道)의 수레바퀴처럼 돌고 돌아 끝이 없이 전전(轉轉)하여 무시무종(無始無終)으로 돌아다니는 것을 면할 수 있거니와, 만약 전혀 불법을 알지 못하면 육도윤회(六道輪廻)를 면할 길이 없는 것이다.

『자주법사 개시록(慈舟法師開示錄)』에 '영긍기신타지옥(寧肯己身墮地獄) 불이불법작인정(不以佛法作人情)' 즉 차라리 내 몸이 지옥에 떨어질지언정 불법으로 인정(人情)을 짓지 말라 하였다. 이것은 나는 염불할 생각이 있으나 권속(眷屬)들이 반대하면 애정에 끌리어 염불을 단념하는 것을 인정을 짓는다고 한 말이다. 처자 권속은 전세의 인연으로 모이게 되는 것이니 연(緣)이 있으면 모였다가 연이 다하면 서로 헤어지고, 헤어진 뒤에는 서로 알지 못하는 것이다.

옛말에 "부모는 은혜가 깊고 부부는 의(義)가 무거우나 필경에는 서로 이별하는 것이니 마치 새가 한 나무에 함께 앉았다가도 제 각기 여러 곳으로 날아가는 것과 같다" 하였거니와 이것은 죽을 때가 오면 각기 헤어져 버린다는 뜻을 말한 것이다.

처 자 권속의 애정이 아무리 무겁고 길더라도 죽을 때에는 할 수 없이 이별하게 되는 것이고, 재산이 아무리 아깝더라도 죽을 때에는 맨손으로 가는 것이니, 이것을 공수래(空手來) 공수거(空手去)라고 한다.

옛말에 '일일무상도(一日無常到) 방지몽리인(方知夢裏人) 만반장불거(萬般將不去) 유유업수신(唯有業隨身) 단염아미타(但念阿彌陀) 왕생안락국(往生安樂國)'이라 하였다. 즉 죽을 때가 오면 다른 것은 모두 가지고 가지 못하나 오직 업(業)만은 따라가는 것인데, 다만 아미타불을 염불하면 극락국에 왕생한다는 뜻이다.

사람이 죽을 때에는 처자 권속이나 금, 은, 재산은 고스란히 놓고 가거니와 일생에 지은 선악의 업만이 끝까지 나를 따라가는 것이니 나쁜 업을 지었으면 악도로 가고 착한 업을 지었으면 선도로 가고 염불하는 업을 지었으면 극락세계에 왕생하는 것이다. 세상 사람들은 이런 이치를 알지 못하거나 혹은 이런 말을 듣더라도 믿지 아니하고 처자 권속과 토지 재산 등에만 애착하다가 임종시에 대사(大事)를 그르쳐서 왕생하지 못하게 되는 것이다.

(7) 청정심을 발할 것

염불하는 사람은 마땅히 자비심(慈悲心) 희사심(喜捨心) 지계심(持戒心) 정진심(精進心) 인욕심(忍辱心) 겸하심(謙下心) 평등심(平等心)등 일체 선심(善心)으로 염불하며 극락에 왕생하기를 구하면 임종시에 반드시 왕생하게 되는 것이니, 이것은 그 마음이 부처님의 뜻과 서로 맞아 부처님의 자비로 접인(接引)하시는 까닭이다.

그러나 만일 간탐심(慳貪心) 진한심(瞋恨心) 치애심(癡愛心) 오만심(傲慢心) 질투심(嫉妬心) 기광심(欺誑心) 첨곡심(諂曲心) 모해심(謨害心)같은 일체 악심으로 염불하며 극락에 왕생하기를 구하면 임종시에 왕생하기 어려울 것이니, 이것은 그 마음이 부처님의 뜻과 서로 어긋나서 부처님도 자비를 드리워서 접인할 수 없는 까닭이다. 그러므로 염불하는 사람은 청정심(淸淨心)을 발하여 탁악심(濁惡心)을 버리고 염불할 것이니 염불은 입으로만 염하는데 있지 않고, 심행(心行)이 정직하여야 비로소 효과를 얻는 것이므로 행자는 반드시 이것을 알아 두어야 한다.

***자비심(慈悲심)**: 중생에게 낙(樂)을 주는 것이 자(慈)요, 고(苦)를 없애주는 것이 비(悲)니 즉, 중생에게 낙을 주려는 마음과 고를 없애주려는 마음이다. 또는 고를 없애주는 것을 자(慈), 낙을 주려는 것을 비(悲)라 하기도 한다.

***희사심(喜捨心)**: 정사(淨捨), 정시(淨施)라고도 한다. 기쁜 마음으로 재물(財物)을 보시(布施)하는 마음이다.

***지계심(持戒心)**: 불법에서 제정한 계행(戒行)을 받아 가지는 마음이다.

***정진심(精進心)**: 온갖 곤란을 물리치고 선법을 닦고, 악법을 끊는 마음이다.

***인욕심(忍辱心)**: 온갖 모욕(侮辱)과 번뇌를 참고 원한을 일으키지 아니하는 마음이다.

***겸하심(謙下心)**: 다른 사람에게 대하여 내 몸을 낮추어 공손하는 마음이다.

***평등심(平等心)**: 일체 중생에게 대하여 원친(怨親) 등의 차별이 없이 한결같이 가엾게 여기는 마음이다.

***간탐심(慳貪心)**: 물건을 아끼고 남에게 주지 않으며 탐내어 구하면서 만족할 줄 모르는 마음이다.

***진한심(嗔恨心)**: 눈을 부릅뜨고 한탄(恨歎)하는 마음이다.

***치애심(癡愛心)**: 아깝게 여기는 어리석은 마음이다.
***오만심(傲慢心)**: 잘난체 하고 남을 업신여기는 마음이다.
***질투심(嫉妬心)**: 미워하고 속을 태우는 마음이다.
***기광심(欺誑心)**: 남을 속이는 마음이다.
***첨곡심(諂曲心)**: 남에게 아양 거리며 교묘히 돌려서 귀염을 받으려는 마음이다.
***모해심(謀害心)**: 모략(謀略)을 써서 남을 해롭게 하려는 마음이다.
***심행(心行)**: 심의(心意, 즉 마음과 정신)의 작용을 말함이다. 자기가 얻은 신념에 따라 삼업(三業)으로 일어나는 행업(行業)을 말한다.

(8) 착한 일(善事)를 행할 것

염불하는 사람은 반드시 오계(五戒)와 십계(十戒)를 가질 것이고, 오계 십계를 계속하여 가지기 어려울 경우에는 팔관재계(八關齋戒), 육재일(六齋日), 십재일(十齋日), 월재일(月齋日)을 가질 것이며 부모를 효도(孝道)로써 받들어 모시고, 스승과 어른을 공경하며 형제간에 우애(友愛)하고 부부간에 화순(和順)하며 친척과 화목하고, 사찰을 지으며 불상을 조성하고 부처님께 공양하며 승려에게 보시하고 경문(經文)을 출판하며 선법(善法)을 널리 통용케 하고, 주린 사람에게 밥을 주며 떠는 사람에게 옷을 주고 병든 사람에게 약을 주며 죽은 이에게 관(棺)을 주고 다리를 놓으며 길을 닦는 등 선사(善事) 공덕을 지어 정토에 회향(回向)하여 극락에 왕생하기를 발원하고 일심(一心)으로 염불할 것이다.

(9) 세간효(世間孝)와 출세간효(出世間孝)

염불하는 사람은 염불의 조행(助行)으로 부모에게 세간의 효와 출세간의 효를 행하여야 하나니, 세간의 효는 부모에게 승순(承順)하고 감지(甘旨)로 부모를 받들어 모시며 작록(爵祿)으로 부모를 영화(榮華)롭게 하는 등이요, 출세간의 효는 부모에게 염불법문(念佛法門)을 권하여 정토에 왕생케 하는 것이니, 세간의 효는 소효(小孝)요 출세간의 효는 대효(大孝)다.

부모의 열 가지 대은(大恩)이 있으니

① 회탐수호은(懷眈守護恩)
② 임산수고은(臨産受苦恩)
③ 생자망우은(生子忘憂恩)
④ 인고토감은(咽苦吐甘恩)
⑤ 회간취습은(回幹就濕恩)
⑥ 유포양육은(乳哺養育恩)
⑦ 세탁부정은(洗濯不淨恩)
⑧ 원행억념은(遠行憶念恩)
⑨ 위조악업은(爲造惡業恩)
⑩ 구경연민은(究竟憐愍恩)이다.

『최승불정존승다라니 정제업장경』에는 "사람이 왼쪽 어깨에 아버지를 업고 오른쪽 어깨에 어머니를 업고 수미산(須彌山)을 백천만 번을 돌아서 피가 흘러 복사뼈까지 잠기더라도 그것으로 하루 동안 젖먹인 은혜도 갚을 수 없거늘 어찌 나쁜 마음으로 경하게 성을 내리오" 하셨다.

『대승본생심지관경』에는 "자부(慈父) 비모(悲母)의 장양(長養)으로 인하여 모든 남녀가 모두 안락하나니 자부의 은혜는 산과 같이 높고 비모의 은혜는 바다와 같이 깊다" 하셨고, 또 "사람이 부모의 모든 은혜를 갚기 위하여 1겁 동안을 지나도록 매일 삼시로 자신의 살을 베어 부모를 받들어 모시어도 하루의 은혜도 갚을 수 없다" 하셨고, 또 "부모의 은혜는 부(父)에 자은(慈恩)이 있으며, 모(母)에 비은(悲恩)이 있다. 어머님의 비은은 내가 세간에 사는 1겁 동안에 말하여도 다 말할 수 없나니, 가령 어떤 사람이 정행대바라문 백 사람, 오통제대신선 백 사람, 선우(善友) 백 사람을 칠보(七寶) 위묘당(妙堂)에 모시고 백천 가지의 아주 썩 잘 만든 진기하고 맛 좋은 음식과 모든 영락과 많은 보배와 전단 침향의 향나무와 백보로 장식한 앉고 까는 침구와 모든 병을 치료하는 백 가지 탕약으로써 백천 겁이 차도록 일심(一心)으로 공양하더라도, 일심의 효순심(孝順心)으로써 아주 적은 물건으로 비모를 받들어 모시며 곳을 따라 공경하여 모시는 것만 같지 못하다" 하셨다.

또 "모든 세간에 무엇이 가장 부(富)하며 무엇이 가장 빈(貧)하냐? 비모가 집에 있는 것이 부요, 비모가 있지 않는 것이 빈이며, 비모가 있을 때가 한낮이요 비모가 죽었을 때가 해가 진 것이며, 비모가 있을 때가 달빛이 밝은 것이고 비모가 죽었을 때가 어두운 밤이니라. 그러므로 너희들은 부지런히 효행을 닦아서 부모를 효도로써 받들어 모시면 공불(供佛: 부처님을 공양)하는 것과 복이 같을 것이니 이와 같이 부모의 은혜를 갚으라" 하셨다.

(10) 이종회향(二種廻向)

자기가 닦은 선근공덕(善根公德)을 돌리어서 다른 중생에게나 자기의 보리열반(菩提涅槃)에 취향(趣向)하는 것을 회향(廻向)이라 하고 또 망자(亡子)를 위하여 선근을 닦는 추선(追善)도 회향이라 하는데 이 회향에 왕생회향(往生廻向) 환상회향(還相廻向)의 두 가지가 있다.

1) **왕생회향(往生廻向)**은 자기가 닦은 선근공덕을 일체 중생에게 회시(廻施)하여 다른 중생과 함께 극락정토에 왕생하기를 원하는 것이다.

염불할 때에 발원이 없이 염불하거나 세간의 탁복(濁福)을 발원하여 염불하거나 세간 탁복과 극락왕생을 혼동하여 발원 염불하면 극락에 왕생하기 어려우니 단지 왕생만 발원하여 염불하고 그 공덕을 극락에 회향하여야 왕생이 쉽고 품위(品位)도 높을 것이며, 설사 그릇 악행을 지었더라도 성심(誠心)으로 참회하고 상속심(相續心)을 끊으면 참회하는 힘으로 능히 왕생할 수 있는 것이니라.

2) **환상회향(還相廻向)**은 극락정토에 왕생하는 일체 공덕을 성취하고 다시 사바세계에 돌아와서 중생을 제도하여 불도(佛道)에 향하게 하는 것이다.

(11) 염불인의 신광(身光)

『정토첩요(淨土捷要)』에는 "대아미타불경(大阿彌陀佛經)에 말씀하시기를 염불하는 사람은 40리(里) 광명(光明) 몸빛이 있어 마(魔)가 능히 범치 못한다" 하셨다.

『비장지남(祕藏指南)』에는 "중국 동성(桐城)의 두 사람이 함께 객지에 갔다가 한 사람이 객사하매 그 동행이 장사를 치룬 뒤에 그 유산을 갖고 망자의 집에 가서 그 처에게 부음(訃音)과 유산을 전하였더니, 그 미망인이 부음을 전한 동행에 대하여 자기 남편을 살해한 것이 아닌가 하고 의심하거늘 그 동행은 대단히 분함을 이기지 못하여 망자(亡者)의 영전에 가서 자기의 억울함을 하소연하니, 망자의 귀신이 이 말을 듣고 동행의 억울함을 변명하기 위하여 망자의 귀신이 동행과 함께 집으로 가는 도중에 동행이 우연히 아미타불을 한번 염불하였더니 귀신이 크게 소리 질러 말하기를 '어찌하여 광(光)을 놓아 나를 무섭게 하는가' 하니 동행이 또 한 번 염불하니 귀신이 무서워하면서 '네가 한 번 염불하는데 네 가슴에서 별안간 십여장(十餘丈)이나 되는 오색광(五色光)이 나와서 내 마음과 눈을 어지럽히고 아찔하게 하니 다시는 너와 같이 갈수 없으므로 네가 혼자 내 집에 먼저 가서 내 처를 나에게 보내면 내가 너의 억울함을 잘 설명하겠노라' 하였다. 그 후 그 동행은 깨닫고 출가하여 고승(高僧)이 되었다" 고 하였다.

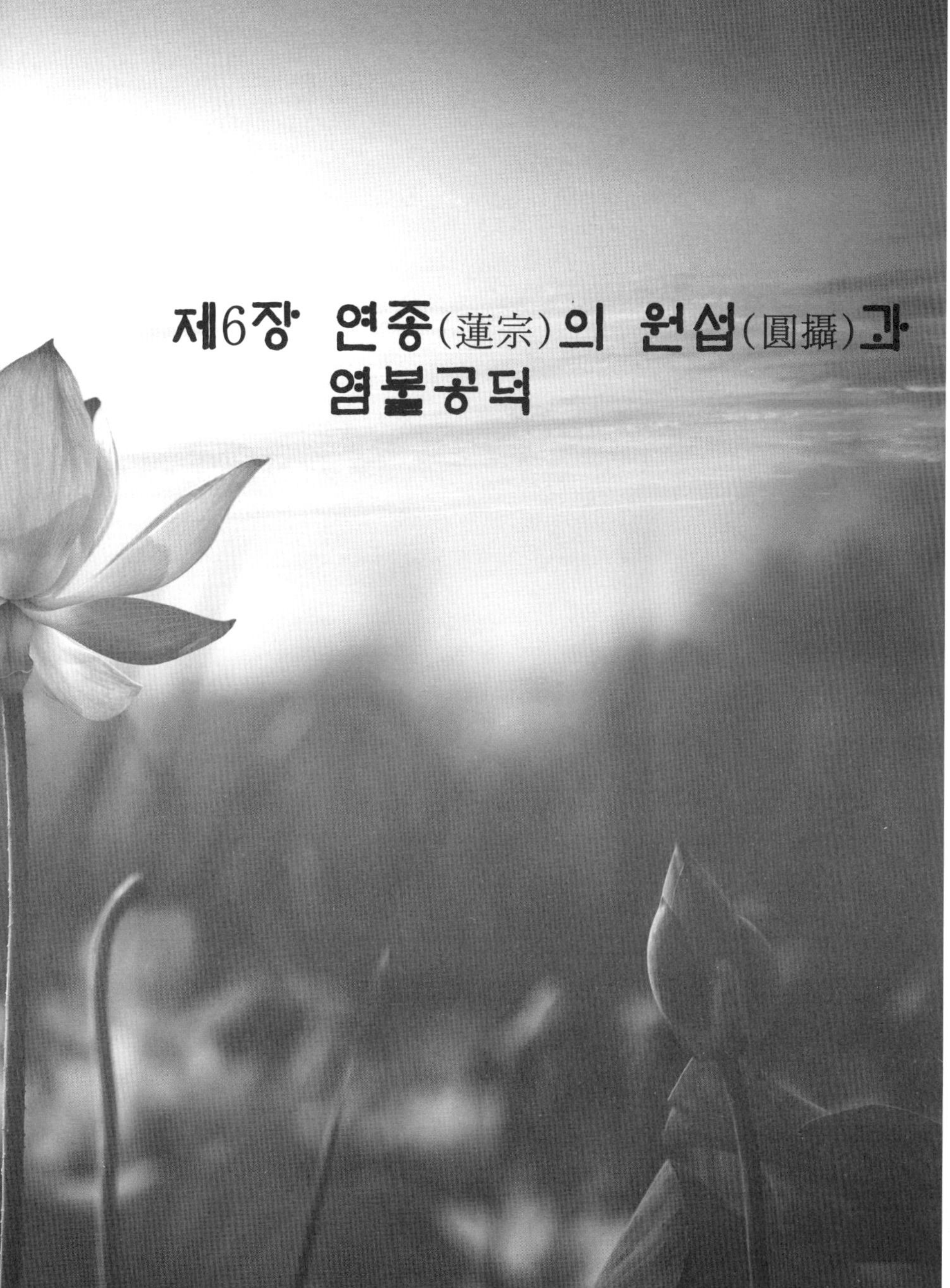

제6장 연종(蓮宗)의 원섭(圓攝)과 염불공덕

1. 연종일문(蓮宗一門)이 일체법문을 원섭(圓攝)

'나무아미타불(南無阿彌陀佛)' 여섯 자의 만덕홍명(萬德洪名)이 일체법문을 원섭(圓攝)한다. 그러므로 우익대사(藕益大師)는 "삼장(三藏) 12부경(部經)의 교리와 선종의 천칠백 공안(公案)이 그 속에 있고 삼천위의(三千威儀)와 팔만세행(八萬細行)과 삼취정계(三聚淨戒)도 그 속에 있다" 하였고, 연지대사(蓮池大師)는 "한 구절 아미타불이 팔교(八教)를 해라(該羅)하고 오종(五宗)을 원섭한다" 하였다.

2. 염불공덕(念佛功德)

'나무아미타불(南無阿彌陀佛)' 여섯 자의 공덕은 다음과 같다.

'나(南)'는 항하사 성공덕(恒河沙 聖功德)이 구족(具足)하다.
'무(無)'는 돌아간 7대(代) 윗조상들이 고(苦)를 여의고 낙(樂)을 얻는다.
'아(阿)'는 삼십삼천 태허(三十三天 太虛)가 진동한다.
'미(彌)'는 무량억겁 생사(無量億劫 生死)의 죄가 단번에 없어진다.
'타(陀)'는 팔만사천 마군(魔群)이 갑자기 없어진다.
'불(佛)'은 팔만사천 무명업식(無明業識)이 한꺼번에 없어진다.

염불하는 사람은 현세와 내세에 열 가지 공덕을 얻는 것이니 다음과 같다.

① 모든 하늘의 큰 힘 있는 신장(神將)과 그 권속(眷屬)이 밤낮으로 형상을 숨겨서 염불하는 사람을 지켜 보호한다.

② 관세음보살 같은 스물다섯의 큰 보살과 일체 보살이 항상 염불하는 사람을 따라서 지켜 보호하신다.

③ 모든 부처님이 밤낮으로 항상 염불하는 사람을 호념(護念)하시고 아미타불이 광명을 놓으셔서 섭수(攝受)하신다.

④ 야차(夜叉) 나찰(羅刹)과 같은 일체 악귀가 해치지 못하고 일체독사, 독룡(毒龍), 독약이 침범하여 해를 끼치지 못한다.

⑤ 화재(火災) 수재(水災) 원적(怨賊), 칼 화살 옥(獄)에 갇힘과 형구(形具)와 수갑(手匣)을 채우는 것과 비명(非命)에 죽는 것, 잘못 죽는 것 등을 모두 받지 아니한다.

⑥ 지은 죄가 사라져 없어지고 전에 생명을 살해하였더라도 다 벗어나 다시 마음에 생각이 얽매이지 않는다.

⑦ 꿈을 정직하게 꾸고 또 아미타불의 뛰어나게 기묘한 색신(色身)을 뵈옵는다.

⑧ 마음이 항상 기쁘고 얼굴빛이 윤택하며 기력이 충실하고 하는 일이 모두 길(吉)하고 이롭다.

⑨ 일체 세간 사람들이 부처님께 공경 예배하는 것과 같이 염불하는 사람에게 공경 예배한다.

⑩ 임종시에 마음에 두려운 생각이 없고 정념(正念)이 앞에 나타나서 아미타불과 여러 성자의 보살이 금대(金臺)를 가지고 오시고 임종하는 사람이 극락에 왕생하여 미래세(未來世)가 다 하도록 뛰어나게 기묘한 낙(樂)을 받는다.

고성염불(高聲念佛)의 열 가지 공덕은 다음과 같다.

① 능히 잠을 밀어내어 없앤다.
② 천마(天魔)가 놀라서 두려워 한다.
③ 소리가 시방(十方)에 두루 가득 찬다.
④ 삼도(三途)가 고(苦)를 쉰다.
⑤ 바깥 소리가 들어오지 않는다.
⑥ 마음이 흩어지지 아니한다.
⑦ 용맹하게 수행을 게을리 하지 아니하고 나아가게 한다.
⑧ 제불(諸佛)이 크게 기뻐하신다.

⑨ 삼매(三昧)가 앞에 나타난다.
⑩ 정토에 왕생한다.

*** 염불공덕과 보살공덕의 비교**

『지장십륜경(地藏十輪經)』에는 "일백 겁(劫)동안 관세음보살을 염불하는 것이 일식경(一食頃) 지장보살을 염불하는 것만 같지 못하다" 하였다.

『석정토군의론(釋淨土群疑論)』에는 "다겁(多劫) 중에 지장보살을 염불하는 것이 아미타불의 일성(一聲)을 염불하는 것만 같지 못하다" 하였다.

『귀원직지(歸元直指)』에는 "사천하(四天下)의 칠보(七寶)로써 불, 보살, 연각 성문 등에 공양하는 것이 사람에게 염불 일성(一聲)을 권하는 것만 같지 못하다" 하였다.

『악방문류(樂邦文類)』에는 "만약 사람이 사사(四事) 곧, 음식 의복 와구(臥具, 住處를 말함) 탕약(湯藥) 등의 지극히 좋은 물건으로써 삼천대천세계(三千大千世界) 중에 있는 아라한(阿羅漢) 벽지 성인에게 공양하는 것이 합장하고 염불 일성(一聲)을 부르는 것만 같지 못하다" 하였다.

『열반경(涅槃經)에는 "한 달 동안을 의식(衣食)으로써 일체 중생에게 공양하는 것이 일념(一念) 염불하는 것만 같지 못하다" 하였다.

* 염불 공덕과 독경(讀經) 문경(聞經) 강경(講經) 공덕의 비교

염불공덕과 독경수도(讀經修道)공덕에 비교하면 염불공덕이 가장 많은 것이다.

염불공덕을 문경(聞經)공덕에 비교하면 염불공덕이 백천만 배가 많다. 『관경(觀經: 관무량수경)』에 "하품하생인(下品下生人)이 명종시(命終時)에 선지식을 만나서 십이부경 제목(十二部經題目)을 설법하는 것을 들으면 천겁죄(千劫罪)를 없애 버린다 하고, 지자(智者)가 아미타불 열 구(口)를 가르쳐 염불하면 팔십억 겁(劫) 생사(生死)의 죄를 없애 버린다" 하였다.

염불공덕을 강경(講經)공덕에 비교하면 염불 공덕이 백천만 배가 많다 강경은 돈을 세는 것과 같고 염불은 돈을 쓰는 것과 같으니, 돈을 세는 것은 비록 많아도 빈고(貧苦)를 제하지 못하고 전에 지은 죄가 없어지지도 아니하며, 공덕도 되지 아니하나 돈을 쓰는 것은 비록 많지 아니하여도 능히 신명(身命)을 구제하고 공덕을 얻는 것이 무량한 것이다.

처님 존호(尊號)를 염(念)하는 가르침은
전에 널리 밝혀져 있다.
로 한번만이라도 부처님 명호를 염하면
사겁(塵沙劫)의 죄를 소멸하고,
념(十念)을 갖추면 몸이 정토에 나서
원히 위급한 환난에서 구제된다.
장이 녹고 원액(冤厄: 원통과 재앙)이
멸하여 길이 고통의 나루를 헤어날뿐만
니라, 이 인연에 의탁(依托)한다면
침내 각해(覺海)에 도달한다.
영명연수 선사
<생사해탈의 오직 한 길> 중에서

제7장 제사(諸師)의 법어와 연종(蓮宗)과 선종(禪宗)

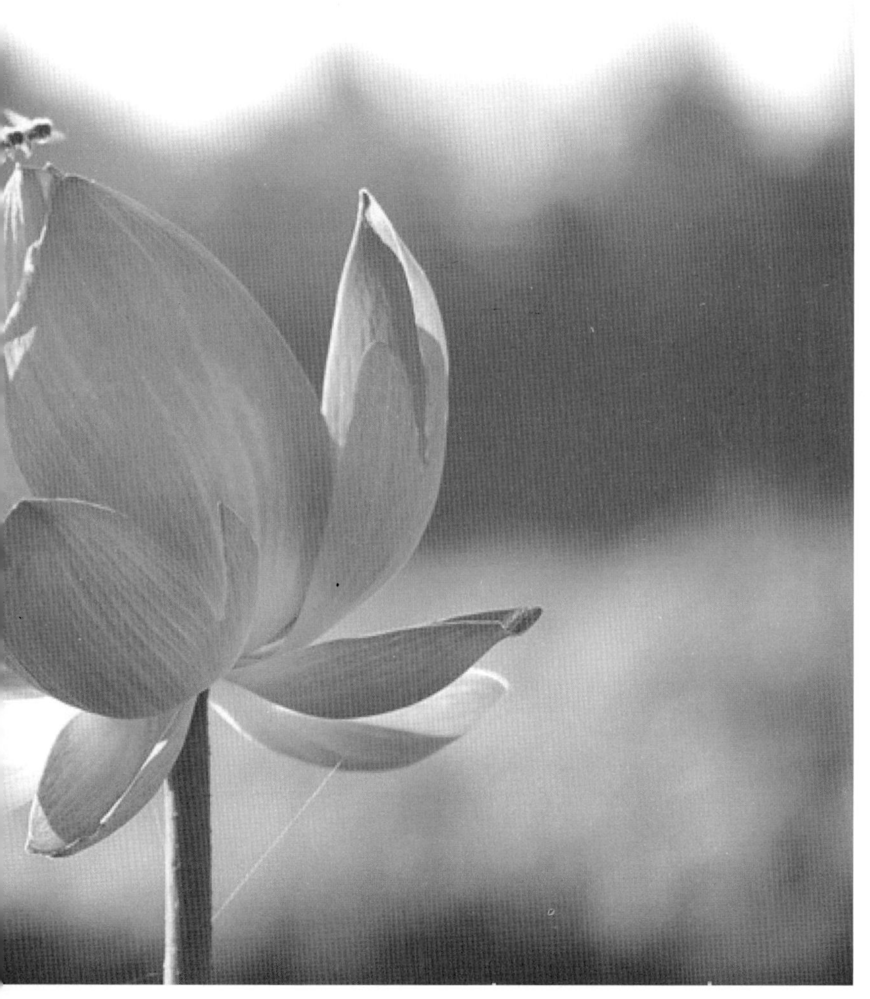

1. 제사(諸師)의 법어(法語)

여러 스승(諸師)께서 칭명염불법(稱名念佛法)에 대하여 불법을 설(說)한 중에서 몇 가지 예를 들면 다음과 같다.

(1) 선도대사(善導大師)의 말씀

선도대사는 염불수행에 대하여 전수(專修), 무간수(無間修)를 다음과 같이 말하였다.

*** 전수(專修)**

중생이 업장이 두텁고 경(境)은 가늘며 마음은 미하여 관법(觀法)을 성취하기가 어려우므로 대성(大聖)이 이를 불쌍히 여기사 명호만 오로지 생각함을 권하셨다.

이것은 이름은 부르기 쉽고 계속하여 끊어지지 아니함이 잘 되어서 곧 왕생하게 되는 것이니, 능히 염념(念念)이 계속하여 끊어지지 아니하여 명(命)이 마칠 때까지 반드시 됨을 기약하면 열이면 열이 왕생하고 백이면 백이 왕생하는 것이다.

그 이유는 바깥의 잡연(雜緣)이 없어서 정념(正念)을 얻게 되고 부처님의 본원(本願)에 서로 맞아 부처님의 가르침을 어기지 아니하고 부처님의 말씀을 순종하는 까닭이니 이것을 전수(專修)라 한다.

그러나 만약 전수를 버리고 여러 가지 업을 닦아서 왕생을 구하는 이는 백에 하나나 둘이고 천에 삼, 사인 밖에 왕생하지 못할 것이다.

그 이유는 잡연(雜緣)이 어지럽게 일어나서 정념을 잃고 부처님의 본원과 서로 맞지 못하고 부처님의 가르침을 어기고 부처님의 말씀을 순종하지 않고 계념(繫念)이 계속하지 못하고 염불을 계속하여 끊어지지 아니하여 부처님의 은혜를 갚을 마음이 없고 비록 업행(業行)은 있으나 항상 명리(名利)와 서로 맞고 잡연에 접근하기를 좋아하여 정토에 왕생함을 스스로 장애하는 까닭이다.

*** 무간수(無間修)**

몸으로는 오로지 아미타불께만 예배하고 다른 예배는 섞지 아니하며 입으로는 오로지 아미타불만 부르고, 다른 명호는 부르지 아니하고 다른 경은 읽지 아니하며 뜻으로는 오로지 아미타불만 생각하고, 다른 생각을 섞지 아니하며 만일 탐(貪) 진(瞋) 치(癡)를 범하였거든 시간을 지체하지 말고 곧 참회하여 항상 청정하게 할 것이다. 이것이 무간수(無間修)니라.

(2) 영명대사(永明大師)의 말씀

행자가 일심으로 삼보에 귀명(歸命)하고 보(報)가 끝나도록 정진하여 닦되, 앉고 누울 때에 얼굴을 항상 서쪽으로 향하고 행도(行道)예배할 때나 염불 발원할 때에 지성으로 간절하게 하고, 다른 생각은 없는 것이 마치 형장(刑場)에 나갈 때와 같이, 옥중에 간혔을 때와 원수에게 쫓길 때와 수화(水火)의 재난을 만났을 때와 같이, 일심으로 구원을 구하되 빨리 고통의 굴레를 벗어나 무생(無生)을 증(證)하기를 원하며 함령(含靈)을 널리 제도하고 삼보를 융숭(隆崇)하며 사은(四恩) 갚기를 서원할 것이다.

이와 같이 지성을 다하면 허사가 되지 아니하려니와 만일 말과 행이 일치하지 아니하며 신(信)과 원(願)이 가볍고 적어서 염념(念念)이 계속하여 끊어지지 아니하는 마음이 없고 자주 자주 끊어지면서 임종시에 극락에 왕생하기를 바라면 업장(業障)이 가려져서 선우(善友)를 만나기 어려울 뿐만 아니라 뜻밖에 일어나는 불행한 일이 괴롭게 굴어 정념(正念)을 이루지 못할 것이다.

그 이유는 지금이 인(因)이요 임종이 과(果)가 되는 것이니, 인이 실하면 과가 허하지 않는 것이 마치 소리가 화(和)하면 울리는 소리가 순하고 형상(形狀)이 곧으면 그림자가 단정한 것과 같은 것이다.

(3) 연지대사의 말씀

요점만 가려서 정확하게 말하면 마음을 단정히 하고 악을 멸하면서 염불하는 이를 선인(善人)이라 하고, 마음을 섭수(攝受)하고 산란(散亂)을 제하면서 염불하는 이는 현인(賢人)이라 하고, 마음에 깨닫고 혹(惑)을 끊으면서 염불하는 이를 성인이라 한다.

세상 사람은 누구를 물론하고 모두 염불할 수 있으니 염불 법문은 남녀노소 빈부귀천을 물을 것 없이 일심으로 염불만 하면 극락에 왕생할 수 있는 것인즉, 한 사람도 염불하지 못할 사람이 없다.

가령 부귀한 사람은 의식이 넉넉하니 염불하기 좋고,
가난한 사람은 집이 작고 성가심이 적으니 염불하기 좋고,
자손이 있는 사람은 나의 힘을 덜어 주니 염불하기 좋고,
자손이 없는 사람은 마음에 거리낄 것이 없으니 염불하기 좋고,
무병한 사람은 몸이 건강하니 염불하기 좋고,
병 있는 사람은 죽을 때가 가까운 줄 아니까 염불하기 좋고,
한가한 사람은 마음이 번거롭지 아니하니 염불하기 좋고,
바쁜 사람은 바쁜 중에라도 틈을 탈 수 있으니 염불하기 좋고,
출가한 사람은 세간을 뛰어 났으니 염불하기 좋고,

집에 있는 사람은 이 세계가 화택(火宅)인 줄 아니 염불하기 좋고,
총명한 사람은 정토 일을 잘 아니 염불하기 좋고,
어리석은 사람은 별로 능한 것이 없으니 염불하기 좋고,
계행을 가지는 사람은 계행이 불법이니 염불하기 좋고,
경을 읽는 사람은 경이 부처님의 말씀이니 염불하기 좋고,
참선하는 사람은 선(禪)이 부처님의 마음이니 염불하기 좋고,
깨달은 사람은 불도를 증(證)하였으니 염불하기 좋은 것이다.

진실로 염불한다면
몸과 마음을 다 내려놓을 수 있으니 곧 대보시요
진실로 염불한다면
다시는 탐진치가 일어나지 않으니 곧 대지계요
진실로 염불한다면
옳고 그름, 나와 너를 따지지 않으니 곧 대인욕이요
진실로 염불한다면
점점 끊이지 않고 망념이 섞이지 않으니 곧 대정진이요
진실로 염불한다면
다시는 망상이 날뛰지 않으니 곧 대선정이요
진실로 염불한다면
다른 법문에 현혹되지 않으니 곧 대지혜다
(우익대사)
– <생사해탈의 오직 한 길> 중에서

(4) 우익대사(藕益大師)의 말씀

염불공부는 다만 진실한 신심이 귀중한 것이니,

첫째로 나는 앞으로 될 불(佛)이요, 아미타불은 이미 이루어진 불(佛)로서 그 체(體)가 둘이 아닌 것인 줄을 믿을 것이고,

둘째로 사바(娑婆)의 고(苦)와 극락(極樂)의 낙(樂)을 믿어서 고를 싫어하고 낙을 구할 것이고,

셋째로 지금의 일거일동이 모두 서방극락세계로 회향(廻向)할 수 있음을 믿을 것이다.

만일 회향하지 아니하면 비록 상품선(上品善)이라도 왕생하지 못하고 회향할 줄 알면 비록 악행을 지었더라도 빨리 상속심(相續心)을 끊고 참회하는 마음을 일으키면 참회하는 힘만으로도 능히 왕생할 수 있거늘, 하물며 계(戒)를 가지고 복을 닦는 등 여러 가지 승업(勝業)으로 어찌 정토에 왕생하지 못할 이(理)가 있으랴.

염불 일문(一門)이 백천 법문을 원섭(圓攝)하는데 염불이 정행(正行)이 되고 계(戒) 정(定) 혜(慧) 등이 조행(助行)이 되어 정(正) 조(助)를 합행(合行)하며 순풍을 만난 배와 같을 것이고, 다시 판삭(板索: 곧 널반지와 밧줄)을 가하면 빨리 저 언덕에 이를 것이다.

염불의 법이 비록 많으나 지명염불(持名念佛)이 가장 간편하고 지명염불법 중에도 기수념(記數念)이 더욱 좋으니라.

자력(自力)으로 미혹을 끊고 생사를 벗어나는 것을 수출삼계(竪出三界)라 칭하니 일이 어렵고 공(功)이 차차 이루어지는 것이고, 불력(佛力)으로 접인(接引)하여 서방에 왕생하는 것을 횡초삼

계(橫超三界)라 칭하니 일이 쉽고 공이 갑자기 이루어지는 것이다.

혜원조사(慧遠祖師)는 "공(功)이 높고 낳기 쉽기로는 염불이 첫째라" 하였고, 경(經)에는 "말세에는 억억(億億) 사람이 수행하여도 성도하는 사람이 드물거니와 오직 염불을 의지하면 도탈(度脫)할 수 있다" 하였으니, 이는 마치 배를 타고 바다를 건너는 것 같아서 공력(功力)이 들지 아니하는 것인데, 능히 서방의 지름길을 열성 있고 진실하게 믿고 지성으로 발원하며 일심으로 염불하여 왕생을 구하는 이는 참으로 대장부(大丈夫)라 하려니와, 만약 참되지 못하고 원(願)이 간절하지 못하며 행(行)에 진력하지 아니하면 이는 부처님의 대자비로 주시는 배에 중생이 타기를 즐겨 하지 않는 것이니 어찌할 수 없는 일이니라. 윤회하는 고를 빨리 벗으려면 지명염불(持名念佛)하여 극락에 왕생함을 구하는 것이 가장 좋고 극락에 왕생코자 하면 신(信)을 전도(前導: 길잡이)로 하고 원(願)을 후편(後鞭: 채찍질)으로 함이 가장 필요하니라.

신(信)이 결정되고 원(願)이 간절하면 흩어진 마음으로 염불하여도 반드시 왕생할 수 있거니와, 신이 진실치 못하고 원이 지극하지 못하면 일심으로 염불하더라도 왕생하지 못하는 것이다.

신(信)이란 것은 ① 아미타불의 원력(願力)을 믿고 ② 석가모니불의 가르침을 믿고 ③ 육방(六方) 제불(諸佛)의 찬탄을 믿는 것이니, 세간의 성인군자도 헛된 말이 없거늘 하물며 아미타불 석가모니불과 육방 제불이 어찌 헛된 말이 있으랴. 이것을 믿지 아니하면 참으로 구(救)할 수 없는 것이니라.

원(願)이란 것은 일체 시중(時中)에 사바(娑婆)에서 나고 죽는 고를 싫어하고 정토에서 보리(菩提)의 낙(樂)을 좋아하며 선악의 지은 바를 따라서 선은 회향하여 왕생하며, 악은 참회하여 왕생을 바라고 다시 두 뜻이 없을 것이니, 신과 원이 구비하면 염불은 정행(正行)이 되고, 악을 뉘우치고 고치면 선을 닦는 것이 모두 조행(助行)이 되어 공행(功行)의 깊고 얕음을 따라서 구품(九品) 사토(四土)를 나누어 왕생하게 되는 것이다.

만약 깊은 신심과 간절한 원력으로 염불하면서도 염불할 때에 마음이 흩어져 어지러운 이는 하품하생(下品下生)에 날 것이고, 염불할 때에 흩어져 어지러운 마음이 점점 적어진 이는 하품중생(下品中生)에 날 것이고, 염불이 사일심불란에 이르러 먼저 견혹(見惑) 사혹(思惑)을 끊고 또 능히 무명(無明)을 복단(伏斷)하는 이는 상삼품생(上三品生)이 될 것이다.

그러므로 신(信), 원(願)으로 지명염불 하는 이는 능히 **구품(九品)**에 왕생함이 틀림없고

또 신, 원으로 지명염불하여 업장을 없애고 미혹을 띠고 왕생하는 이는 **범성동거정토(凡聖同居淨土)**에 날 것이고

신, 원으로 지명염불하여 견혹 사혹을 모두 끊고 왕생하는 이는 **방편유여정토(方便有餘淨土)**에 왕생하고

신, 원으로 지명염불하여 일분(一分) 무명(無明)을 깨뜨린 이는 **실보장엄토(實報莊嚴土)**에 왕생하고

신, 원으로 지명염불하여 구경(究竟)의 곳(處)에 들어가 무명을 단진(斷盡)한 이는 **상적광정토(常寂光淨土)**에 왕생할 것이니, 그러므로 지명염불이 능히 사토(四土)를 청정히 하는 것이 또한 틀림없는 것이다.

(5) 육조대사(六朝大師)의 말씀

『선정쌍수집요(禪淨雙修集要)』에는 옛적에 한 사람이 육조대사(六朝大師)에게 묻기를 "염불에 무슨 이익이 있나이까〉" 하고 묻는 말에, 육조대사는

"일구(一句)의 나무아미타불을 염불하는 것이
만세(萬世)의 괴로움을 뛰어나는 묘도(妙道)요,
부처를 이루고 조사가 되는 정인(正因)이요,
삼계(三界) 인천(人天)의 안목(眼目)이요,
마음을 밝히고 성품을 보는 혜등(慧燈: 지혜등불)이요,
지옥을 깨뜨리는 맹장(猛將)이요,
많은 올바르지 못한 것을 베는 보검(寶劍)이요,
오천 대장(大臧)의 골수(骨髓)요,
팔만 총지(總持)의 중요한 길이요,
흑암(黑暗)을 여의는 명등(明燈)이요,
생사(生死)를 벗어나는 양방(良方: 훌륭한 방위)이요,
고해(苦海)를 건너는 타고 가는 배요,
삼계(三界)에 뛰어나는 지름길이요,
최존(最尊) 최상(最上)의 묘문(妙門)이며,
무량무변(無量無邊)의 공덕이니라.

이 일구를 기억하여 염념(念念)이 항상 나타나고 시시로 마음에 떠나지 아니하여, 일이 없어도 이와 같이 염불하고 일이 있어도 이와 같이 염불하며, 안락할 때도 이와 같이 염불하고 병고(病苦)가 있을 때도 이와 같이 염불하며, 살았을 때에도 이렇

게 염불하고 죽어서도 이렇게 염불하여, 이와 같이 일념(一念)이 분명하면 또 무엇을 다시 남에게 물어서 갈 길을 찾으랴. 이른바 일구미타무별념 불로탄지도서방(一句彌陀無別念 不勞彈指到西方)이라" 하였다.

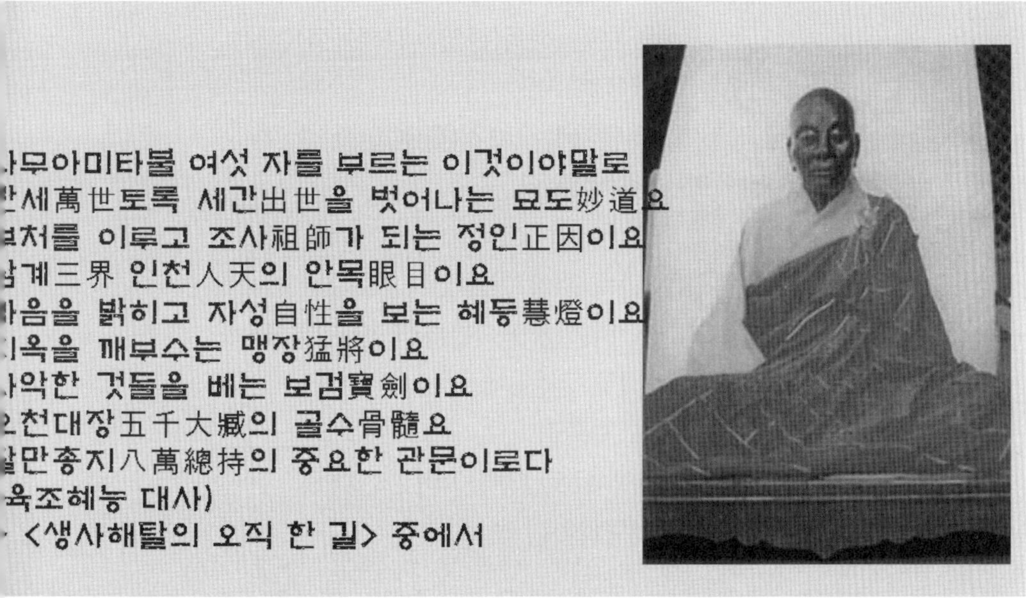

무아미타불 여섯 자를 부르는 이것이야말로
세萬世토록 세간出世을 벗어나는 묘도妙道요
처를 이루고 조사祖師가 되는 정인正因이요
계三界 인천人天의 안목眼目이요
음을 밝히고 자성自性을 보는 혜등慧燈이요
옥을 깨부수는 맹장猛將이요
악한 것들을 베는 보검寶劍이요
천대장五千大藏의 골수骨髓요
만총지八萬總持의 중요한 관문이로다
조혜능 대사)
<생사해탈의 오직 한 길> 중에서

2. 연종(蓮宗)과 선종(禪宗)

(1) 영명대사(永明大師)

영명대사는 후세의 학자에게 염불과 참선(叅禪)의 관계를 알게 하기 위하여 정선(淨禪) 사료간(四料簡)을 지어서 그 뜻하는 바를 알게 하였으니 다음과 같다.

대각호(戴角虎: 뿔 달린 호랑이)

수행자가 정토(염불)와 선(禪)을 같이 닦으면
대지혜(大智慧) 대선정(大禪定) 대변재(大辯才)가 있어서
사마(邪魔)와 외도(外道)가 이름만 들어도 낙담상혼(落膽喪魂)하고
호랑이가 뿔난 것 같아서 사나운 위엄 있는 기세가
짝 없는 것이 가위(可謂) 금상첨화(錦上添花)다.
– 영명연수대사

사료간(四料簡)

유선유정토(有禪有淨土) 유여대각호(猶如戴角虎)
현세위인사(現世爲人師) 내세작불조(來世作佛祖)

무선유정토(無禪有淨土) 만수만인거(萬修萬人去)
약득견미타(若得見彌陀) 하수불개오(何愁不開悟)

유선무정토(有禪無淨土) 십인구차로(十人九蹉路)
음경약현전(陰境若現前) 별이수타거(瞥爾隨他去)

무선무정토(無禪無淨土) 철상병동주(鐵床竝銅柱)
만겁여천생(萬劫與千生) 몰개인의호(沒箇人依怙)

이 사료간에 대하여 중국 청나라 때의 인광대사(印光大師)가 해석한 대략의 뜻은 다음과 같다 .

유선유정토(有禪有淨土): 행인(行人)이 선종(禪宗)을 깨달아 견성(見性)하고 또 여래의 권실법문(權實法門)을 갖추어 안중(眼中)에 오직 신, 원, 염불의 일법(一法)으로써 자리이타(自利利他)의 행을 행하는 것이다.

유여대각호(猶如戴角虎): 행인이 정토와 선을 같이 닦으면 대지혜(大智慧) 대선정(大禪定) 대변재(大辯才)가 있어서 사마(邪魔)와 외도(外道)가 이름만 들어도 낙담상혼(落膽喪魂)하고 호랑이가 뿔 난 것 같아서 사나운 위엄 있는 기세가 짝 없는 것이 가위(可謂)

금상첨화(錦上添花)다.

현세위인사(現世爲人師): 배우는 사람에게는 그 능력과 성능(性能)을 따라서 설법 교화하여 상중하근(上中下根)이 하나도 그 혜택을 입지 아니한 사람이 없는 것이다.

내세작불조(來世作佛祖): 임명종(臨命終) 때에 부처님의 접인(接引)을 입어서 상품(上品)에 왕생하여 곧 부처님을 뵈옵고 무생인(無生忍)을 증(證)하여 속히 성불하는 것이다.

무선유정토(無禪有淨土): 비록 견성(見性)을 못하더라도 결심하고 서방 극락세계에 왕생하기를 구하는 것이다.

만수만인거(萬修萬人去): 지성으로 염불하면 감응도교(感應道交)하여 부처님의 섭수(攝受)하시는 것을 입어서 왕생하게 되는 것이니 오역(五逆) 십악(十惡)도 임종 때에 부끄러운 마음을 발하고 염불하여 십성(十聲) 내지 일성(一聲)에도 왕생하게 되는 것이다.

약득견미타(若得見彌陀): 서방 극락세계에 왕생하여 부처님을 뵙는 것이다.

하수불개오(何愁不開悟): 부처님을 뵈옵고 불법을 들어 깨닫는 것이다.

유선무정토(有禪無淨土): 선종(禪宗)을 깨달아서 견성(見性)은 하였으나 서방 극락세계에 왕생하기를 구하지 아니하는 것이다.

십인구차로(十人九蹉路): 왕생도 구하지 않고 견혹(見惑) 사혹(思惑)의 번뇌도 끊지 못하므로 육도윤회(六道輪廻)를 면치 못하여 생사의 바다는 깊고 보리(菩提)의 길은 멀어서 집에 돌아오지 못하는 것과 같은 것이니, 크게 깨달은 사람도 열 사람 중 아홉 사람은 이러한 것이다.

음경약현전(陰境若現前): 음경(陰境)은 중음신(中陰身)의 경(境)이니 즉 임명종(臨命終) 때에 현생(現生)과 지나간 겁(劫)의 선악의 과보를 가져 오는 업의 큰 힘이 나타나는 것이다.

별이수타거(瞥爾隨他去): 음경(陰境)이 한 번 나타나면 순식간에 가장 맹렬한 선악의 과보를 가져오는 업의 큰 힘을 따라서 선악도(善惡道) 중에 태어나서 조금도 능히 자기의 힘으로 다스리지 못하는 것이다.

무선무정토(無禪無淨土): 선종(禪宗)을 깨닫지 못하고 서방 극락세계에 왕생하기를 구하지도 아니하고 다른 법문을 닦아서 미혹을 끊어 진리를 증(證)하지도 못하고 또 부처님의 자력(自力)에 의하여 혹을 가진 채로 왕생하지도 못하는 것이다.

철상병동주(鐵床並銅柱): 다른 법문을 닦아서 미혹을 끊지는 못하였으나 그 공덕을 많이 지었으면 제2의 생(生)에는 인천(人天)에 태어나서 그 복보(福報)를 받는 중에 오욕(五欲)에 빠져서 악업을 많이 짓고 악보(惡報)를 면하기 어려워서 제3의 생(生)에는 지옥에 떨어져서 철상(鐵床: 쇠 탁상) 동주(銅柱: 구리 기둥)의 형구(形具: 고문기구)로써 그 죄보(罪報)를 받는 것이다.

몰개인의호(沒箇人依怙): 모든 부처님 보살이 비록 자민(慈愍)을 드리우시나 악업장(惡業障)이 무거운 까닭으로 능히 그 이익을 얻지 못하는 것이다.

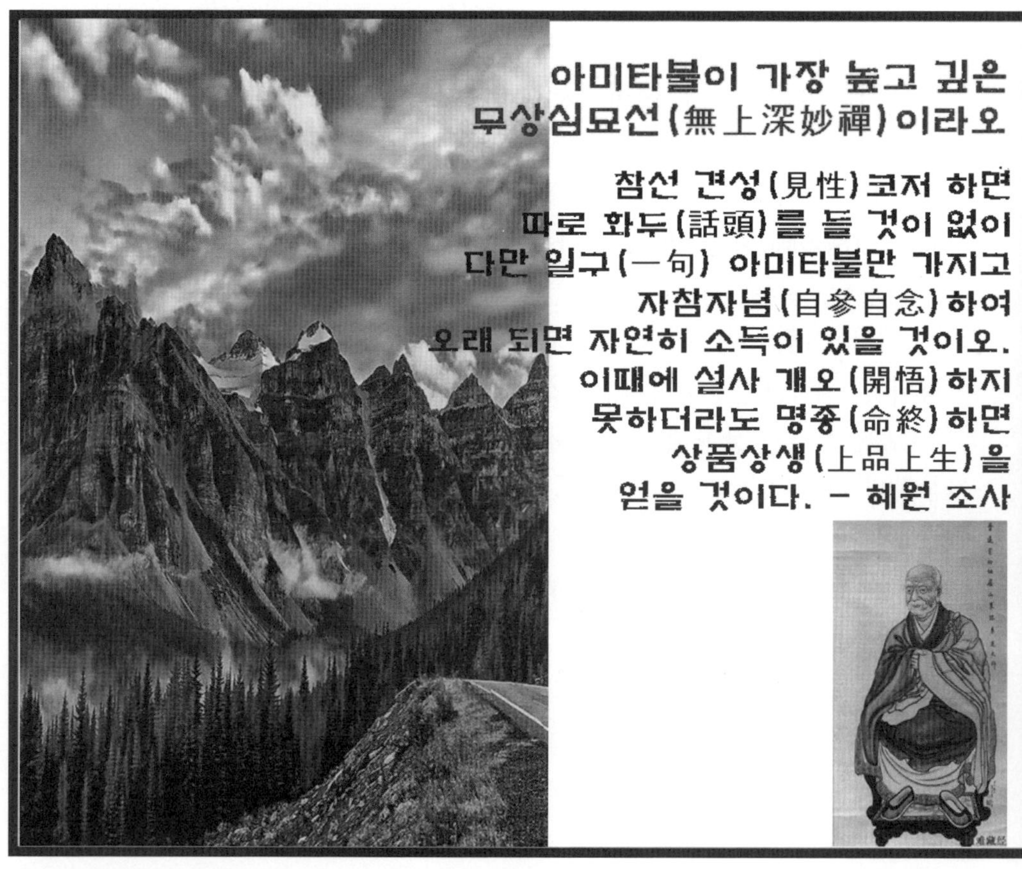
아미타불이 가장 높고 깊은
무상심묘선(無上深妙禪)이라오
참선 견성(見性)코저 하면
따로 화두(話頭)를 들 것이 없이
다만 일구(一句) 아미타불만 가지고
자참자념(自參自念)하여
오래 되면 자연히 소득이 있을 것이오.
이때에 설사 개오(開悟)하지
못하더라도 명종(命終)하면
상품상생(上品上生)을
얻을 것이다. - 혜원 조사

(2) 혜원조사(慧遠祖師)

혜원조사는 말하기를 “요사이 선종(禪宗)들이 염불하며 정토를 닦는 이를 보고는 착상수행(着相修行)한다 하며 비방하고 참선견성(叅禪見性)하여 진상(眞常)을 돈오(頓悟)하는 것만 같지 못하다 하므로,

천근(淺根)한 사람들은 그 말을 믿고 염불도 아니 하고 경도 보지 아니하며, 진무(塵務) 중에 있어서 입으로는 참선을 말하나 마음에는 도를 행하지 아니하며 정토를 비방하고 왕생을 믿지 아니하니, 이것은 크게 잘못된 것으로 아미타불이 무상(無上)한 심묘선(深妙禪)임을 알지 못하는 것이다.

지금 사람들이 커다란 도리를 궁구하지 아니하고 분별을 망령되이 일으키는 것이니, 참선견성(叅禪見性)코저 하면 따로 화두(話頭)를 들 것이 없이 다만 일구(一句) 아미타불만 가지고 자참자념(自叅自念)하여 오래 되면 자연히 소득이 있을 것이오.

이때에 설사 개오(開悟)하지 못하더라도 명종(命終)하면 상품상생(上品上生)을 얻을 것이다” 하였다.

(3) 감산대사(憨山大師)

감산대사는 말하기를 "참선하는 이가 많으나 반드시 생사(生死)를 벗어나는 것 아니고, 염불하는 이는 생사에서 벗어날 것을 의심할 것 없나니, 왜냐 하면 참선은 상(想)을 여의기를 요하나 염불은 오로지 상(想)에 있는 것인데, 중생이 오랫동안 망상(妄想)에 침륜(沈淪)하여 이 상(想)을 여의기가 매우 어려우므로, 만일 염상(念想)으로써 정상(淨想)으로 변하면 이것은 독(毒)을 다스리는 것을 바꾸어 놓는 법이다. 그러므로 참구(叅究)는 깨닫기가 어렵고 염불은 이루기가 쉬운 것이다" 하였다.

참선하는 이가 많으나 반드시 생사(生死)를 벗어나는 것 아니고,
염불하는 이는 생사에서 벗어날 것을 의심할 것 없나니,
왜냐 하면 참선은 상(想)을 여의기를 요하나
염불은 오로지 상(想)에 있는 것인데,
중생이 오랫동안 망상(妄想)에 침륜(沈淪)하여
이 상(想)을 여의기가 매우 어려우므로,
만일 염상(念想)으로써
정상(淨想)으로 변하면 이것은
독(毒)을 다스리는 것을 바꾸어 놓는 법이다.
그러므로 참구는 깨닫기가 어렵고
염불은 이루기가 쉬운 것이다.
- 감산대사

(4) 왕룡서 거사(王龍舒居士)

왕룡서 거사는 말하되 "참선하여 크게 깨달아서 생사의 윤회를 벗어나는 것이 진실로 상(上)이 되거니와 이에 이르는 이가 백에 이, 삼인도 없고 서방 극락세계에 왕생하기를 닦으면 윤회를 벗어나 생사가 자여(自如)하여 만에 하나도 빠지지 아니한다. 그러므로 나는 승가(僧家)의 상근기(上根器)에 권하고저 하는 것은 참선하는 외에 매일 짤막한 겨를을 내어 서방 극락세계에 왕생하기를 권하고 싶다.

만약 참선하여 크게 깨달아서 윤회를 벗어났다 하더라도 오히려 불지(佛地)와 떨어진 거리가 극히 멀고도 멀므로 다시 아미타불을 가서 뵈옵고 전례(展禮)하여 치경(致敬)하는 것이 무엇이 불가(不可)하며 만약 크게 깨닫지 못하고 수수(壽數)가 문득 다하여 명종 하더라도 서방에 가서 부처님을 뵈옵고 법을 들으면 어찌 크게 깨닫지 아니할 것을 근심 하리오. 만약 정토를 닦지 아니하면 업연(業緣)을 따라 가는 것을 면치 못하는 것이므로 청초당(靑草堂) 오조계선사(五祖戒禪師) 진여철(眞如喆)도 윤회에 골몰하였으니 참으로 두려워할 일이다.

만일 이 도를 정심(情心)으로 닦아 사람을 교화해서 이끌고 다시 서로 권화(勸化)하게 되면 사람들이 자기를 명승(名僧)이라 하여 반드시 그 말을 즐거이 따를 것이니, 그 이익(利益)됨이 무궁하고 반드시 상품상생(上品上生)에 나리라" 하였다.

(5) 철오대사(徹悟大師)

철오대사는 말하기를 「관무량수경(觀無量壽經)의 '시심작불(是心作佛) 시심시불(是心是佛)'과 선종의 '직지인심(直指人心) 견성성불(見性成佛)'을 비교하면 참으로 직절(直截)통쾌하다. 왜냐하면 견성(見性)은 어렵고 작불(作佛)은 쉬운 까닭이니, 견성은 심(心), 의(意), 식(識)을 여의고 영광(靈光)이 병로(迸露)하여야 비로소 견성이 되는 것이므로 견성은 어렵고, 작불(作佛)은 부처님의 명호를 염지(念持)하며 부처님의 의보(依報: 환경과 의식주) 정보(正報: 몸과 마음)를 관(觀)하면 곧 작불이 되므로 작불이 쉬운 것이다.

경에 말씀하시기를 "너희들이 부처님을 생각할 때에 그 마음이 곧 32상(相) 80종호(八十種好)라" 하셨으니 이것이 부처님을 상념(想念)함으로써 곧 작불이 되는 것이 아닌가.

그러므로 작불과 시불(是佛)의 이치가 둘이 아닌 것과 견성과 성불(成佛)의 어렵고 쉬운 것이 이렇게 판이하게 다르니, 염불로써 참선에 비교하면 더욱 직절 통쾌한 것이다.

하나는 부처님의 말씀이요, 하나는 조사(祖師)의 말이니, 어느 것이 중하고 어느 것이 경하며 어느 것을 취하고 어느 것을 버릴 것인가.

학자는 한 번 완미(玩味)하여 검점하면 반드시 이 말이 그릇되지 아니한 것을 수긍할 것이다」 하였다.

한 구절 아미타불은,
만병통치약으로서 치료 못하는 병이 없고,
여의주왕으로서 이룰 수 없는 소원이 없으며,
생사고해의 자비로운 배로서
건널 수 없는 괴로움이 없고,
무명장야의 지혜 등불로서
깨트릴 수 없는 어둠이 없다.
염불할 때가 부처님을 친견할 때이고,
왕생을 구할 때가 곧 왕생할 때이며,
과거 · 현재 · 미래가 동시여서 따로 앞뒤가 없다.
– 철오선사

(6) 인광대사(印光大師)

인광대사는 「염불하는 사람은 선가(禪家)의 참구(叅究)에 간섭할 것이 아니요.

참구염불(叅究念佛)도 염불할 때에 이것이 (누구인고?) 하는데 치중해야 깨닫기만 구할 뿐이다.

행인(行人)이 신(信), 원(願)으로써 염불하여 왕생하게 되면 깨닫지 아니하는 자가 없고, 또 깨달아 흑업(黑業)이 다하면 마땅히 생사를 마칠 것이되 만약 깨닫기만 구하고 신, 원이 없는 경우에는 흑업이 다하지 못하였으면 능히 자력(自力)으로 생사를 마칠 수도 없고, 또 능히 불력(佛力)에 의하여 생사를 마칠 수도 없으므로 자력 불력에 모두 근거가 없어서 윤회를 면하지 못하는 것이다.

법신보살(法身菩薩)도 성불하기 전에는 모두 불력에 의하므로 업력(業力)의 범부는 말할 것도 없는 것이니, 불력과 자력의 대소가 어찌 천연(天淵)의 차이에 그치리오」 하였다.

명심견성을 한 사람이 염불로 정토왕생을 구하면,
임종 때 구품연화 가운데
최상품(最上品)으로 화생한다오.
눈 깜빡할 사이에 연꽃이 피면서
아미타불을 친견하고
금방 무생법인(無生法忍)을 증득하거나,
최소한 원교(圓敎)의 초주(初住) 지위에 올라,
일백 부처 세계에 부처의 분신(分身)을 나투어,
인연과 근기에 따라 중생을 교화 제도하게 되나니,
이것이 바로 장래에 부처나 조사가 된다는 뜻이오.
– 인광 대사

제8장 유심정토(唯心淨土)와 자성미타(自性彌陀)의 변론

세상사람 중에 혹은 극락정토와 교주(教主) 미타(彌陀)를 부인하면서 유심(唯心)이 정토(淨土)인데 유심 외에 무슨 정토가 따로 있으며, 자성(自性)이 미타(彌陀)인데 자성 외에 무슨 미타가 또 있겠는가 하여 오해하는 이가 있다. 이에 대한 선덕(先德)들의 가려 밝힌 중에서 몇 예를 들면 다음과 같다.

(1) 왕용서 거사(王龍舒 居士)의 설

참선하는 사람들이 "유심정토(唯心淨土) 자성미타(自性彌陀)"를 주장하여 극락세계를 부인하려는 이가 있으나 그것은 그릇된 생각이다.

왜냐 하면 서방정토가 이치도 있고 사실의 형적도 있는 것이니 그 이치로 말하면 능히 그 마음을 깨끗하게 하므로 일체가 모두 청정하니 진실로 유심정토가 되는 것이요.

사실의 형적으로 말하면 실로 극락세계가 있어서 부처님께서 틀림없이 자세히 말씀하셨으니 어찌 헛된 말씀이라 하랴.

사람마다 성불할 수 있는 것이며 또 자성미타란 말도 거짓말이 아니다. 그러나 갑자기 이에 이를 수가 없는 것이니 마치 불상(佛像)을 조각할 만한 좋은 재목이 있더라도 불상을 조각한 연후에야 비로소 불상이라 칭할 것이요.

재목을 그대로 두고 불상이라고 예배 공양할 수 없는 것 같은 것이니 소위 유심(唯心)이 정토니 따로 정토가 없고, 자성(自性)이 미타니 따로 미타가 없다는 것은 옳지 못한 주장이다.

또 어떤 이는 정토가 있는 것을 믿으면서도 유심설(唯心說)에 구애되어 서방에 왕생할 것이 없다 하거나 참선은 직접으로 견성(見性) 성불(成佛)하는 것이므로 아미타불을 볼 것이 없다는 말은 모두 잘못된 주장이다.

왜냐 하면 저 서방 정토는 탐(貪), 연(戀), 진(瞋), 치(癡)가 없거니와 우리의 마음에도 탐, 연, 진 ,치가 없는가?

또 서방 정토에는 옷을 생각하면 옷을 얻고, 음식을 생각하면 음식을 얻으며, 고요하고자 하면 고요하여지고, 가고자 하면 가는 것이지마는, 내가 옷을 생각하여 얻지 못하면 찬 것이 마음을 고달프게 하며, 음식을 생각하여 얻지 못하면 주림이 마음을 고달프게 하며, 고요하고자 하다가 고요할 수 없으면 흩어져 움직이게 하는 것이 마음을 고달프게 하고, 가고자 하다가 갈 수 없으면 계루(繫累)가 마음을 고달프게 하니, 소위 유심정토라 함은 진실로 이르기 쉽지 않은 것이다.

아미타불은 복혜(福慧: 복과 지혜)를 충분히 갖추시고 신통(神通)이 광대하여 지옥을 변하시켜 연화를 만드시는 일이 손바닥을 뒤집기보다 쉽고 한이 없는 세계를 보시는 것이 눈앞에 있는 것 같거늘 나는 항상 숙업(宿業)이 깊고 무게가 있어 지옥에 떨어질까 두려워하거늘 어떻게 연화로 고쳐 만들 수 있으며 또 벽 사이의 거리의 일도 알지 못하거늘 하물며 한이 없는 세계를 볼 수 있으랴.

소위 자성미타라 함은 참으로 이르기가 어려운 것이므로 나의 마음이 정토가 될 수 있다 하나 별안간에는 정토가 될 수 없는 일이고 나의 성품이 가히 아미타불이 될 수 있다 하나 갑자기는 될 수 없는 것이거늘, 어찌 정토를 소홀히 생각하고 닦지 아니하며 아미타불을 버리고 뵈옵기를 원치 아니 하리요.

정토의 업(業)을 닦아서 아미타불을 뵈옵고 보리(菩提)를 이루기는 어렵지 않거니와 만약 이 세계에서 참선하여 견성(見性) 성불(成佛)하기는 매우 어려울 뿐 아니라 정토를 수행하는 것이 참선에 방해되지 않거늘 어찌하여 참선하는 이는 정토를 소홀히 여기고 닦지 아니하겠는가.

『대아미타경(大阿彌陀經)』에 말씀하시기를 "시방(十方)의 한량이 없는 보살이 있어 아미타불국에 왕생하였다" 하였거늘 나는 어떠한 사람인데 정토에 왕생하기를 원치 아니하니, 내가 과연 모든 보살보다 뛰어났다고 생각하는가. 통틀어 말하면 '유심정토와 자성미타'란 말은 많은 사람을 그르치는 것이니라.

즉 정토법문을 지송(持誦) 수행하면 사람마다 반드시 정토에 낳아서 속히 윤회를 벗을 것이니 저 거짓과 불성실한 마음이 있는 이로부터 그 거리의 먼 것이 천지의 차이가 있는 것이다.

한 번 염불에 십지보살을 뛰어넘는
위없이 깊고 묘한 선禪

다른 생각 없이
아미타불 넉자만 부르면
손가락 튕길 수고도 없이
서방정토에 왕생한다.
삼아승기 동안
복과 지혜를 닦지 않아도 단지
'나무아미타불' 여섯 자에만
의지하면 생사를 벗어나며
한 번 염불에 십지보살을 뛰어넘음을 의심하지 말라.
나무아미타불 여섯 자가 삼승三乘과 삼장십이부와
팔만사천법문을 포함하고 있음을 마땅히 알아야 한다.
이것을 일러 위없이 깊고도 묘한 선禪이라 한다.
- 古德

(2) 성암대사(省庵大師)의 설

누가 묻기를 "즉심시불(卽心是佛)인데 어찌하여 다시 아미타불을 보려는가?" 하였더니,

답하기를 "즉심시불이란 말은 얼음을 가리켜 물이라 하는 말과 같다. 즉 얼음이 비록 물이기는 하나 물이 얼어붙었으므로 태양의 열을 빌려서야 비로소 녹아 풀어져서 물이 되는 것과 같이 마음이 불(佛)이기는 하나 전체가 어지럽고 어두움 속에 있으므로 불일(佛日)의 힘을 빌려서야 비로소 깨닫게 되는 것이거늘 어찌 사리에 어두운 마음만을 고집하고 부처님을 뵈옵기를 원하지 아니 하리요."

또 묻기를 '즉심정토(卽心淨土)'라 하는데 어찌하여 다시 정토에 왕생하기를 원하는가 하였더니,

답하기를 "즉심정토라 함은 나무를 가리켜서 기둥이라 함과 같다. 즉 나무가 기둥이 될 수는 있거니와 나무 그대로가 기둥이 되지는 못하는 것과 같이 마음이 비록 정토를 지을 수는 있으나 마음 그대로가 정토는 아니다.

우리의 마음이 12시(時) 중에 일체 경계에 대하여 한 털끝만치라도 잡념과 염오심(染汚心)이 일어난다면, 이것은 곧 예상(穢相: 더러운 모양)이 공(空)하지 못한 것이거늘, 어떻게 즉심정토라 하겠는가. 이와 같은 말은 모두 스스로 속는 것이다. 만일 정토에 왕생하지 아니하면 유심정토가 끝끝내 드러나지 못하는 것임을 알아야 하느니라."

(3) 대우선사(大佑禪師)의 설

어떤 이가 묻기를 「관경(觀經)에는 "이 마음이 부처를 짓고 이 마음이 곧 부처라" 하였는데 어찌하여 다른 부처를 염불하는가?」 하니,

답하기를 "마음이 본래 부처이므로 저 부처를 염불하게 하는 것이다". 범망경(梵網經)에는 "나는 앞으로 될 부처요, 여러 부처는 이미 이룬 부처인 줄 알라" 하였으니, 너의 마음의 부처님은 앞으로 될 부처이고, 아미타불은 이미 이룬 부처이다.

앞으로 될 부처는 오랫동안 욕해(欲海)에 잠겨서 번뇌가 충분히 갖추어져 있어 출리(出離)할 때를 정하여 약속함이 까마득하나, 이미 이룬 부처는 이미 보리(菩提)를 발하고 위신(威神)이 충분히 갖추어져 있어 중생을 도와서 보호하시므로 여러 부처님이 염불을 권하신 것이니, 즉 나의 앞으로 될 부처로써 다른 이미 이룬 부처를 구(求)하여 도와서 보호를 얻는 것이다.

그러므로 중생이 만약 염불하지 아니하면 성인과 범부가 영원히 사이가 떨어지고 부자(父子)가 항상 괴리(乖離)하며 오래도록 윤회에 처하여 서로 떨어진 거리가 먼 것이니라.

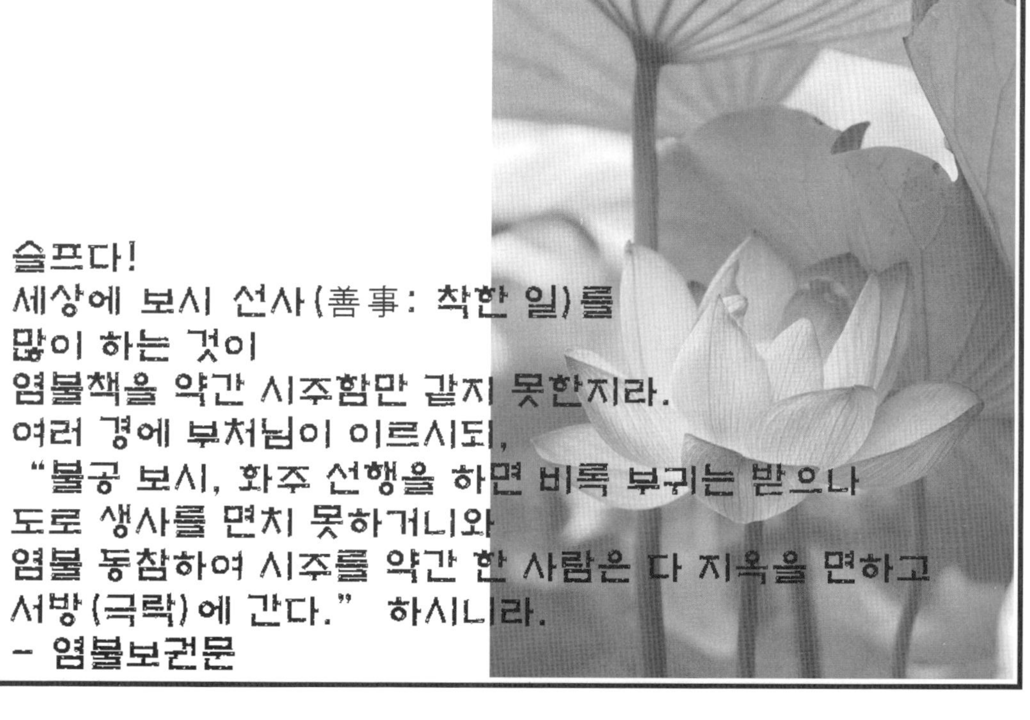

슬프다!
세상에 보시 선사(善事: 착한 일)를
많이 하는 것이
염불책을 약간 시주함만 같지 못한지라.
여러 경에 부처님이 이르시되,
"불공 보시, 화주 선행을 하면 비록 부귀는 받으나
도로 생사를 면치 못하거니와
염불 동참하여 시주를 약간 한 사람은 다 지옥을 면하고
서방(극락)에 간다." 하시니라.
- 염불보권문

4. 극락정토 권(權) · 실(實)의 변

중국 당나라 때의 조백(棗栢) 이통현장자(李通玄長者)가 화엄합론(華嚴合論)을 짓고, 그 중에 십종정토(十種淨土)의 육권사실(六權四實) 즉 열 가지 정토 중에 여섯은 권(權)이요, 넷은 실(實)이라는 것을 열거 하면서 그 중의 아미타불 정토를 권이라 하고 실이 아니라 하였으나, 이 장자는 사십화엄경(四十華嚴經)이 당나라에 들어오기 이전이어서 보현행원품(普賢行願品)을 보지 못한 까닭으로 아미타불 정토를 실이 아니고 권이라고 그릇 인정한 것이다.

누가 묻기를 "서방 정토는 성인이 권방편(權方便)에 들어가게 되면 무엇 때문에 타력(他力)을 빌리리오?" 하였더니,

답하기를 「부처님이 계신 때의 문수(文殊) 보현(普賢)보살과 부처님이 돌아가신 후 마명(馬鳴) 용수(龍樹)보살과 중국의 천태지자대사(天台智者大師)와 영명연수선사(永明延壽禪師)가 모두 왕생을 발원하였으니, 이네들이 모두 둔근이겠는가.

보적경(寶積經)에는 석가모니 세존께서 부왕(父王)께 정토왕생을 권하여 육만 석종족(釋種族: 석가족)이 모두 왕생하였으니 이네들은 모두 평범한 이들이라 하랴? 또 이 성현들이 모두 지금의 소위 재능이 예리하고 뛰어난 이에 미치지 못하겠는가.

만일 서방 정토를 권이라 하면 어떠한 것을 실이라 하겠는

가. 중국의 손신로학사(孫莘老學士)가 처음에 정토를 의심하다가 양차공(楊次公)과 왕민중시랑(王敏仲侍郎)을 만나서 논(論)하는 도(道)가 꼭 들어맞아 드디어 의심을 풀었다. 양차공 왕민중시랑 두 사람은 선(禪)을 배우다가 모두 정토에 귀의(歸依)해 쉬지 않고 노력하였으니 정토는 성인의 권설(權說: 방편법문)이 아니고 진실로 선 수행자들의 머물 곳이다.

염불을 하는 것은,
곧 자신의 법신혜명[法身慧命]을
키우는 것이며,
부처님의 힘과 자신의 힘에 의지하여
서방극락세계 왕생을 구하는 것이며,
부처님의 지견[佛知見]을 열고
자신의 본각(本覺)을 회복하는 것입니다.
- 담허대사 '염불론'

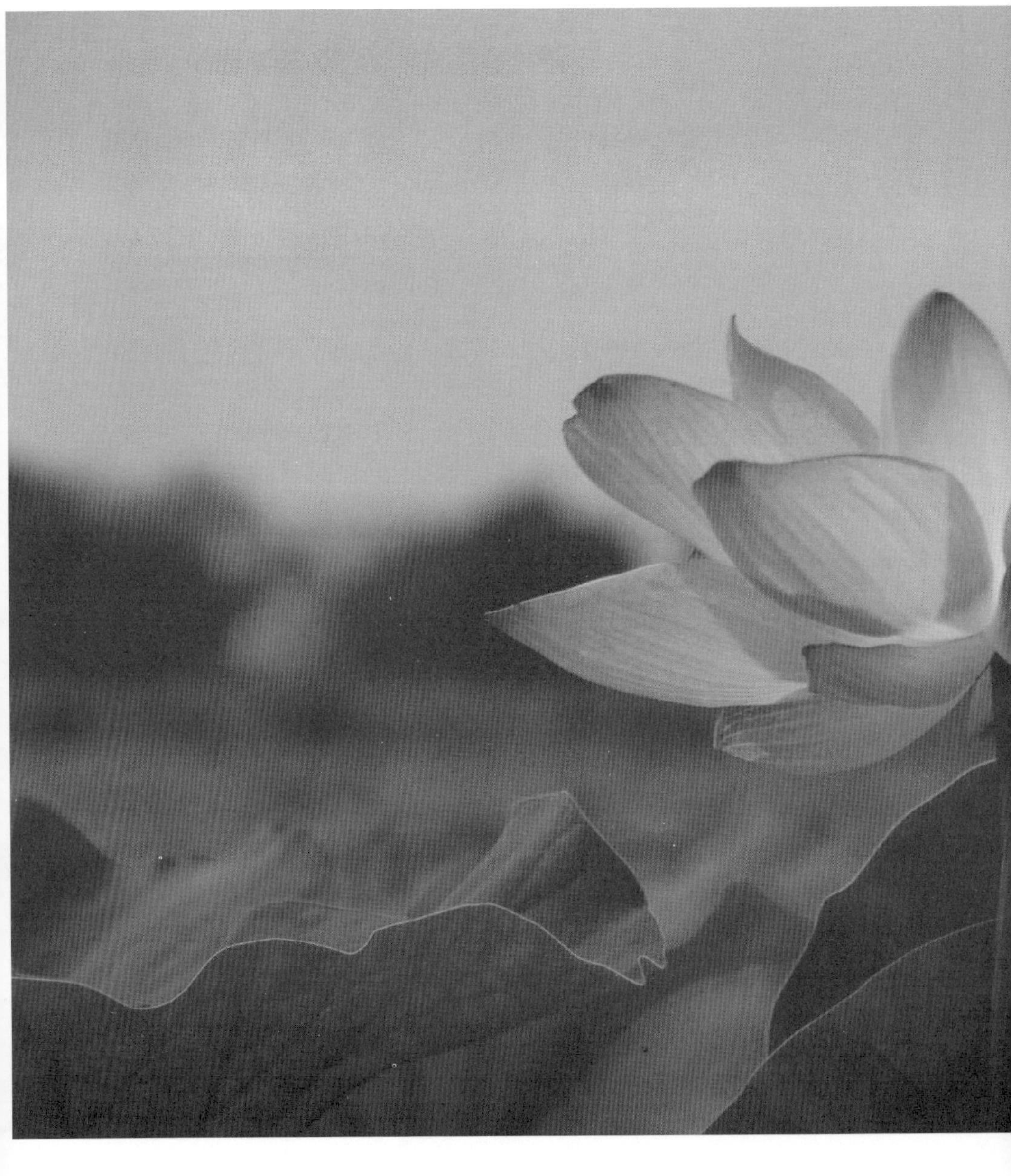

제9장 운명(殞命)의 전후

1. 사대(四大)가 흩어진다

사람의 몸을 만들어서 이루어진 것 가운데 단단한 것은 지대(地大)에 속하고, 흐르는 것은 수대(水大)에 속하고 더운 것은 화대(火大)에 속하고, 움직이는 것은 풍대(風大)에 속한다. 이 네 가지를 사대(四大)라 하니, 사람이 죽을 때에는 이 사대가 제각기 흩어지는 것이다.

염불구도중음법(念佛救度中陰法)에는 "지대(地大)가 수대(水大)에 내릴 때에는 전신에 무거운 압력을 느끼며 내장과 뼈마디에까지 미치어 숨이 막혀 답답하고 무거운 고통은 말할 수 없나니, 이 때에 수족이 끌어당기고 근육이 떨린다.

수대가 화대(火大)에 내릴 때에는 전신이 한냉하고 냉기가 골수에 들어가 내장이 떨리며 간장이 얼음 같이 차서 화로 불로도 냉고(冷苦)를 제하기 어려운 것인데, 이때에는 얼굴빛이 회백(灰白)하고 숨이 차고 몸이 떨리게 된다.

화대가 풍대(風大)에 내릴 때에는 생기(生氣)가 태반이나 감퇴하여 저항력이 약하고 바람을 부치면 불이 성하는 모양 같아서 내장과 외지(外肢)가 다리고 찌는 것 같고 살과 힘줄을 베고 쪼개는 것 같은데, 이때에는 얼굴빛이 붉고 신기(神氣)가 혼미한 것이요,

풍대가 따로 떨어질 때에는 문득 광풍(狂風)이 온몸을 불어 찢어 부스러뜨리는 것과 같은 감각을 느끼며 그 고통의 극심함은 형용할 수 없는데 이때에 사대가 흩어지며 육근(六根)이 망가지고 오직 그 신식(神識)만이 생전에 지은 업(業)의 경중을 따라서 과보를 받아 간다" 하였다.

중유론(中有論)에는 "장차 죽을 때에는 사대(四大)가 지(地) 수(水) 화(火) 풍(風)의 순서로 따로 따로 떨어지는데 지대(地大)가 분리할 때에는 신체는 무거운 물건으로 온 몸을 누르는 것 같고, 네 팔다리는 끌어당기는 것 같은데 극히 고통이 되고, 그 다음에 수대(水大)가 따로 떨어질 때에는 몸에 땀이 나고 혹은 머리에서 땀이 난다" 하였다.

지도론(智度論)에는 "악업(惡業)을 지은 사람은 풍대(風大)가 먼저 흩어지므로 몸이 움직이며 화대(火大)가 먼저 가므로 몸이 덥고, 선행(善行)을 한 사람은 지대(地大)가 먼저 가므로 몸이 고요하며 수대(水大)가 먼저 가므로 몸이 차다" 하였다.

정법염처경(正法念處經))에는 "임종시에 도풍(刀風)이 모두 일어나 천 개의 뾰족한 칼로 몸을 찌르는 것 같다" 하였다.

이와 같이 사대가 흩어질 때에 악도에 가서 날 사람은 죽을 때에 고통을 받으나 인도에 날 사람은 별로 고통이 없고 천도에나 극락세계에 왕생할 사람은 고통이 없을 뿐만 아니라 도리어 상쾌한 감각이 있다고 한다.

2. 신식(神識)이 시체에서 떠나가는 방법

신식(神識) 즉 속칭 영혼(靈魂)이 시체에서 떠나갈 때에 전신이 별안간에 일시에 식어지는 것이 아니고 몸 아래서부터 먼저 식거나 혹은 몸 위에서부터 먼저 식는다.

몸의 더운 기운이 최후에 발에 와서 식으면 지옥에 나는 것이요, 무릎에 와서 식으면 축생도에 나는 것이요, 배에 와서 식으면 귀도(鬼道)에 낳는 것이요, 가슴에 와서 식으면 인도(人道)에 나는 것이요, 눈에 와서 식으면 천도(天道)에 나는 것이고, 정수리에 와서 식으면 성도(聖道) 즉 극락에 나는 것이다. 아수라(阿修羅)는 종류가 많아서 식는 곳을 확실히 정하기 어려운 것이다.

3. 아뢰야식(阿賴耶識)과 중유(中有)

우리가 안이비설신의(眼耳費舌身義)의 육근(六根)으로 색성향미촉법(色聲香味觸法)의 육경(六境)에 대하여 보고(見) 듣고(聞) 맡고(嗅) 맛보고(味) 닿고(覺) 알고(知)하는 것을 잘 분별하는 작용을 생하는 것을 식(識)이라 하니 곧 안이비설신의의 육식(六識)이라 하고, 여기에 말나식(末那識)과 아뢰야식(阿賴耶識)을 추가하여 팔식(八識)이라 한다.

사람이 처음 생길 때에는 아뢰야식이 먼저 오고 그 다음에 말나식과 육식이 생기며 죽을 때에는 육식과 말나식이 먼저 가고 아뢰야식이 나중에 가나니 아뢰야식은 곧 우리의 신식 즉 영혼이라 하는 것이다.

사람이 수태(受胎)할 때에는 아뢰야식이 먼저 오는 까닭으로 아이가 태중에 있어서 활동하게 되고, 사람이 죽은 후에는 전신중의 어느 부분이든지 더운 기운이 아주 없어져야 아뢰야식이 완전히 떠난 것이다.

아뢰야식이 처음 와서 우리의 신심(身心)이 생긴 것을 생유(生有)또는 생음(生陰)이라 하고, 출생한 후부터 죽기 전까지의 신심을 본유(本有)라 하며, 죽은 뒤의 신심을 사유(死有) 또는 사음(死陰)이라 하고, 사유 후와 생유 전의 중간에 있는 신심을 중유(中有) 또는 중음(中陰), 중음신(中陰身)이라 하니 이 네 가지 종류를 사유(四有)라 한다.

이 사유는 오직 아뢰야식의 이름을 바꾸었을 뿐이고 그 본질은 바꾸지 아니한 것이니, 중유가 곧 아뢰야식이요 아뢰야식이 곧 중유이다. 구사론(俱舍論)에서는 사유(四有)의 시간을 말하되 "생유(生有), 사유(死有)는 각각 생사의 일찰나간(一刹那間)이고 본유(本有) 중유(中有)는 길고 짧음이 같지 않다" 하였고, 유식론(唯識論)에는 "생유(生有) 사유(死有)는 일찰나간 보다 조금 길고 본유(本有) 중유(中有)는 길고 짧음이 일정하지 않다" 하였다.

임종이 되었을 때 훈습된 업[熏業]이 나타나서 평소 부르던 아미타불과 여러 성인(聖人)들이 이때에는 진짜로 모습을 나투시어 여러분을 극락으로 영접[接引]할 것입니다. 평소에 생각하고 그리던 서방정토의 청정하고 미묘한 경계가 그 찰나에 눈앞에 나타나게 됩니다. 중생이 바로 부처이고 부처가 곧 중생이니, 모든 것은 이 성품 속에 원만히 갖춰져 있습니다.

– 담허대사의 <염불론> 중에서

4. 중유(中有)의 작용

중유(中有)의 형체는 본유(本有)의 양(量)과 같다 하며, 혹은 사람의 중유는 일체의 반이라 하고, 또 욕계(欲界)의 중유는 오 육세의 아이와 같고 오근(五根)을 완전히 갖추었으나 의복이 없으며, 색계(色界)의 중유는 신량(身量)이 원만한 것이 본유와 같고 의복이 몸과 같이 있고, 보살은 형량(形量)이 원만하며 모든 용모 형상이 구비하고 의복이 있으며, 인천(人天)의 중유는 깨끗하고 삼악도(三惡道)의 중유는 흑암(黑暗)하며, 또 지옥에 날 중유는 그 형상이 지옥과 같고, 하늘에 날 중유는 하늘사람과 같다고 한다.

중유는 냄새를 먹는데 그 먹는 냄새는 복덕(福德)을 따라서 차별이 있으니 즉 복 있는 중유는 꽃과 과실 같은 경청(輕淸)한 냄새를 먹고, 복 없는 중유는 대소변과 썩은 음식과 같은 것의 더러운 냄새를 먹는데, 중유가 먹는 분량이 극히 적어서 중유가 비록 많아도 모두 먹을 수가 있다 한다.

중유의 견량(見量)은 중유의 승열(勝劣)에 따라 같지 아니하니 승(勝)한 중유는 열(劣)한 중유를 보거니와 열한 중유는 승한 중유를 보지 못하며 같은 종류의 중유는 서로 본다고 한다.

중유가 신통력(神通力)이 강하고 빨라서 공중을 날아다니는 까닭으로 금강산도 장애가 되지 아니하고 부처님도 억제할 수 없으며 산과 물과 돌과 벽과 내지 수미산(須彌山) 같은 것도 무난히 통과하여 다니되 ,오직 보리가아(菩提伽耶) 즉 부처님의 금강좌(金剛座)와 모체의 자궁은 통과하지 못한다. 또 일찰나(一刹那)에 사대주(四大洲)와 수미산을 돌아다니며 어느 곳에나 순식간에 왕래할 수 있으므로 중유가 아무리 먼 곳에 있더라도 한 번 부르는 소리를 들으면 즉각 앞에 와 서 있고 또 중유가 모든 근(根)이 영리하여 전에 지은 일을 잘 기억하되 그 기억력이 생시보다 9배나 되고 생시에 비록 용열(庸劣)하고 둔탁(鈍濁)하던 사람이라도 중유에 들면 매우 영민(穎敏)하게 되는 것이다.

5. 중유(中有)의 생연(生緣)을 얻는 기한

중유가 생유로 나기 전에 중유로 머물러 있는 기한에 대한 네 가지 설이 있다.

(1) 비바사제사(毘婆沙諸師)는 "일체의 중유가 태어나기를 즐겨 구하므로 속히 생을 받고 반드시 오래 머물러 있지 않는다" 하였고,

(2) 세우존자(世友尊者)는 "7일을 극장(極長: 가장 긴 기한)으로 한다" 하였고,

(3) 설마달다존자(設摩達多尊者)는 "77(49)일을 극장(極長)으로 한다" 하였고,

(4) 법구존자(法救尊者)는 "머물러 있는 기한이 일정하지 않다" 하니, 즉 수생(受生)하는 연(緣)에 더딤과 빠름이 있고 만약 생연

(生緣)을 만나지 못하면 중유가 항상 있다는 것이다.

법화문구(法華文句)에는 "인간의 중유는 동자와 같고 반드시 7일을 1기(期)로 하여 본생처(本生處)에 나는데, 만약 7일이 끝날 때까지 생연(生緣)을 얻지 못하면 또 다시 중유 7일을 계속하여 제2, 7일의 종말에 또 본생처에 낳고 이렇게 칠일을 1기(期)로 하여 그 기한이 가장 긴 것은 제7기까지 이르고 7기의 종말에는 반드시 어느 곳에든 태어나는 것이니 이 칠칠(49)일 동안을 중음(中陰)이라 칭한다. 이와 같이 생연을 아직 결정짓지 못한 동안에 추천(追薦)하는 일을 베풀어 그 힘으로 좋은 곳에 나기를 바랄 것이다" 하였다.

관정경(灌頂經)에는 "명종한 사람이 중음(中陰) 중에 있어서 몸이 소아와 같고 죄·복이 아직 결정짓지 못하였으니 마땅히 복을 닦아서 망자(亡者)의 신식(神識)으로 하여금 정토에 나기를 원하면 이 공덕으로 반드시 왕생하게 된다" 하였다.

제10장 운명(殞命)할 때의 행사

사람이 운명(殞命)하기 전에 미리 준비할 일과 주의 할 일이 있거니와 운명 후에도 주의 할 일은 법대로 염불하며 도를 잘 닦은 운명 시에도 행사를 잘하여야 할 것이거니와, 평시에 염불했다 하여도 법대로 못한 사람은 운명할 때에 행사를 잘하지 아니하면 극락에 왕생하기 어렵고, 평시에 염불을 아니한 사람이라도 운명할 때에 행사를 잘하면 극락에 왕생할 수가 있는 것이다. 세상 사람들은 이 운명 전후의 행사가 망자(亡者)에게 이와 같이 큰 관계가 있음을 알지 못하는 까닭으로 사람이 운명하려 할 때에는 빨리 운명하기만 기다리고 운명한 후에는 속히 장사하려는 생각만 하고 긴요한 행사를 하지 아니하니, 참으로 통탄할 일이다 그러므로 그 운명 전후에 행할 일과 주의할 것은 다음과 같다.

1. 서방삼성의 상(像)을 모실 것

운명할 사람의 방에는 극락세계의 삼성(三聖)의 상(像: 흙이나 나무나 금속이나 돌로 만든 불상) 또는 화상(畵像)을 모시되 동향으로 아미타불을 모시고 아미타불의 왼쪽에 관세음보살, 오른쪽에 대세지보살을 모실 것이며 만약 삼성의 상을 구하기 어려우면 아미타불 상만 동향하여 모시고 불상 앞에는 향로와 아미타경 등 왕생에 관한 경책 이외에는 다른 물건을 많이 놓지 말 것이고 불상이 없으면 '나무아미타불' 여섯 자나 '아미타불' 넉 자를 글씨로 크게 써서 모셔도 좋고 그것도 할 수 없으면 다만 서향하여 염불할 것이다.

2. 운명하는 사람은 일심으로 염불할 것

운명하는 사람은 자기 일신상 일이나 집안일이나 세상사를 모두 방하착(放下着)하고 오직 극락왕생만을 발원하고 일심(一心)으로 염불할 것이며, 설사 병고(病苦)가 중하더라도 죽음을 두려워하지 말고 염불만 할 것이다.

이렇게 염불하는 사람은 만약 목숨이 다하였으면 반드시 극락에 왕생할 것이고 또 만약 목숨이 다하지 아니하였으면 병이 속히 나을 것이니 이는 매우 성실한 마음의 염불로 인하여 지난 세사의 업장(業障)을 없애 버리는 까닭이다.

그러나 잡념을 하거나 병이 나을 생각만 하고 염불을 성실하게 하지 아니한 사람은 왕생하지 못할 것이니 이는 병이 낫기만 바라고 왕생을 구하지 아니한 까닭이며 설사 목숨이 다하지 아니하였더라도 병이 속히 낫지 못하고 도리어 병고가 더하게 되느니라.

3. 다른 이는 염불을 권하며 조념(助念)할 것

행자가 평시에 염불법을 알고 법대로 수행한 사람도 운명할 때에 가족 친척들이 옆에서 조념(助念)함이 매우 유익하거니와, 염불을 알지 못하는 사람이나 염불을 하였더라도 성실히 수행하지 못한 사람의 운명할 때에는 조념 하는 것이 더욱 필요하다.

그러나 운명할 사람이 조념을 원할 경우와 조념을 싫어하여 반대할 경우에는 조념하는 방법이 같지 아니하다.

(1) 운명할 사람이 병이 없거나 병이 경하여 정신이 있고 조념을 희망 혹은 반대하지 않는 때에는 친족들이 반을 짜서 매일 교대로 염불하여 염불소리가 운명할 사람의 귀에 들리게 하며 운명할 때까지 계속하되, 소리의 높음과 낮은 것과 느린 것과 빠른 것과 목탁을 치는 여부는 운명할 사람의 의사에 의할 것이다.

(2) 운명할 사람이 정신이 혼미(昏迷)하거나 병이 중하여 자신이 염불하지 못하더라도 조념하는 사람들은 매일 반을 짜서 교대하여 운명할 때가지 고성으로 염불할 것이고, 혹 운명할 사람이 염불하기를 싫어하거나 자기는 물론 조념까지도 반대할 경우에는 운명할 사람에게 염불 소리를 듣는 것이 크게 이익 되는 것을 간절히 설명할 것이며, 운명할 사람이 듣고 듣지 않는 것에 불구하고 운명할 때까지 염불을 계속하는 것이 좋다.

4. 운명할 때의 좌와(坐臥)는 자유로 하게 할 것

평소에 염불을 하지 아니하였거나 성실하게 수행하지 못한 사람이면 운명할 때의 몸 가지는 태도를 자유에 맡길 것이고 억지로 서향하게 하지 말 것이다. 그러나 평시에 법대로 수행한 사람이면 운명할 때에 몸 가지는 태도에 다음의 세 가지가 있다

(1) 서향하여 전가부좌(全跏趺坐) 혹은 반가부좌(半跏趺坐)하고 합장(合掌)하거나 혹은 아미타불 수인(手印)을 맺고 염불하면서 운명 하는 것.

(2) 서향하여 오른쪽으로 누워 염불하는 것이니 이것을 길상유(吉相遊)라 한다. 석가모니불께서도 열반(涅槃)하실 적에 이렇게 누우셨다.

(3) 서향하여 곧게 서서 합장하거나 아미타불 수인을 맺고 운명하는 것의 세 가지다.

5. 가족의 주의할 일

가족이나 친족들은 운명할 사람에게 언어와 행동을 매우 조심하여 왕생의 큰일에 장애가 되지 않게 할 것이다.

(1) 운명할 사람에게 슬픈 기색을 보이거나 눈물을 흘리지 말 것이며,
(2) 운명할 사람에게 애정을 못 이기어 섭섭한 말이나 집안일이나 세상일을 말하지 말 것이며
(3) 요란하게 떠들지 말아야 한다.

이상과 같은 일로 인하여 운명하는 사람에게 슬픈 마음을 일으키거나 애정에 끌리거나 다른 일에 마음이 산란하게 되면 정념(正念)을 잃고 악도에 떨어지게 되는 것이다.

또 무당 판수 외도(外道)들이 하는 행사를 혼용하지 말 것이니, 이것은 해만 있고 이익이 없을 뿐만 아니라 불법의 위엄을 떨어뜨리는 까닭이 된다. 운명한 후에도 조념(助念)을 계속하되 염(殮)하는 시간을 제하고는 49일까지 영전(靈前)에서 가족들이 염불할 것이며 또 선지식(善知識)을 청하여 중유(中有)에게 설법하되 "중유가 어떠한 경계를 당하든지 조금도 마음을 움직이지 말고 서방 극락세계에 왕생하기를 발원하고 일심으로 나무아미타불을 염불하라"고 설명하여 들려주면 중유는 염불하는 소리와 선지식의 설법을 듣고 부처님의 힘을 얻어 극락에 왕생할 수 있는 것이다.

또 망자(亡者)가 정신을 잃은 후에 곧 울거나 옷을 갈아입히거나 손발을 거두거나 몸을 자리를 움직여서 옮기지 말고 신식(神識)이 다 떠나간 후에 최소한 8시간 이후에 행사하여야 한다.

그 이유는 시체에 만약 한 곳이라도 따듯한 기운이 있으면 신식이 아직 다 떠난 것이 아니고, 그 시체가 다만 입으로 말만 못하고 몸을 움직이지 못할 뿐이고 지각(知覺)은 아직 남아 있으므로 이때에 우는 소리를 들으면 애정이 생기고 불법 생각이 식어지는 까닭으로 애정의 마음을 따라서 몇 번이고 형상을 바꾸어서 다시 태어나는 것에서 해탈(解脫)할 수 없고, 몸을 자리를 움직여서 옮기면 고통이 되어 성난 마음이 생기고 불법 생각이 적어져서 악도에 떨어지기 쉬우니라.

이때에 가장 이익을 얻는 것은 염불이 제일이고, 가장 해를 끼치고 왕생에 절대 불가한 것은 떠드는 소리나 흔드는 것이다.

또 우리나라에서 망인이 운명하자마자 손발을 거둔다고 손목과 발목을 묶어서 염(殮)할 때까지 두는 습관이 있으나 이것은 운명 후에 시체를 그대로 두면 골절이 굽어 굳어져서 염하기가 불편하다고 해서 하는 일이나 만일 신식이 시체에서 떠나기 전에 손발을 거두다가 신식이 고통을 느끼어 성이 나면 안 될 것이니, 손발을 거두지 말고 그대로 두는 것이 좋다.

그대로 두었다가 설사 굽어 굳더라도 뜨거운 물에 수건을 담갔다가 물을 짜고 굳은 곳에 대어 두면 굳은 것이 부드러워지는 것이니 염려할 것 없다. 또 유가(儒家)의 습관인 초혼(招魂)도 부를 필요가 없으니 지성으로 염불하여 망자의 명복(冥福)을 빌면 부처님의 원력(願力)으로 명부(冥府)에 가지 않고 곧 극락으로 직행할 수 있는 것이다.

우리나라에서 흔히 시체를 염할 적에 금강경탑다라니 천수탑다라니 수구다라니 등을 넣어서 망인이 다라니의 공덕으로 선도(善導)에 태어나기를 원한다.

그러나 위의 다라니 외에 대관정광진언(大灌頂光眞言) 즉 광명진언(光明眞言)이 가장 좋으니 이것은 글자 수가 간단하여 20여 자에 불과하고 또 범자(梵字)의 획(劃)이 시체에 닿으면 정토에 태어난다는 게송(偈頌)이 있으니

진언범자촉시골(眞言梵字觸屍骨)
망자즉생정토중(亡者卽生淨土中)
견불문법친수기(見佛聞法親授記)
속증무상대보리(速證無上大菩提)
라 하였다.

망인을 위하여 복을 짓는 도(道)는 보시(布施)가 위주이며 그 중에서도 망인의 유물로 복을 짓는 것이 가장 좋으니 망인이 많은 이익을 얻는 까닭이다.

무상경(無常經)에는 "망인의 신구(新舊) 의복이나 몸에 따라 쓰던 물건을 세 부분으로 나누어 그 망인을 위하여 부처님, 달마(達磨), 승가에 보시하면 이로 인하여 망자의 업장이 가벼워지고 공덕 복리(福利)의 이익을 얻을 것이니 좋은 의복을 시체에 입혀 보내는 일은 하지 말라" 하였다.

그러므로 망인의 유산이 있으면 전폐(錢幣)로 바꾸어서 불상을 장엄하고 경전을 출판하고 승가에 보시할 것이며, 또 가난한 사람을 구제하고 생물(生物)을 놓아 보내는 등 유정에게 유익한 일을 할 것이다.

우바새계경(優婆塞戒經)에는 "만일 부모가 죽어서 아귀도에 낳았을 때에 그 자손이 망령(亡靈)을 위하여 복을 지으면 아귀가 곧 이익을 얻을 것이요, 만일 망령이 천도(天道)에 태어났으면 천도에는 뛰어나게 기묘한 보장(寶藏)을 성취하였으므로 인간의 물건을 생각하지 않을 것이고, 만약 지옥에 태어났다면 몸에 극심한 고를 받으므로 다른 생각을 할 겨를이 없고, 축생도 그러하며 아귀도 원래 애탐간린(愛貪慳隣)으로 인하여 아귀도에 떨어진 것이므로 아귀가 된 후에는 항상 그 허물을 후회하고 추천(追薦)의 이익을 생각하므로 그 이익을 얻는 것이니, 슬기가 많은 사람(智者의 뜻이다)은 아귀를 위하여 부지런히 복덕을 지을 것이라" 하였다.

관정수원왕생시방정토경(灌頂隨願往生十方淨土經)에는 "유정(有情)이 삼보를 믿지 않고 법계(法戒)를 행치 아니하다가 죽은 뒤에 삼도팔난(三途八難)에 떨어져서 모든 고통을 받을 적에 친족들이 망인을 위하여 복을 닦으면 7분(分) 중에 1분의 복을 망인이 얻는다" 하였고, 지장보살본원경(地藏菩薩本願經)에는 "세상에 있을 때 선인(善因)을 닦지 아니하고 많은 중죄를 지은 사람이 죽은 뒤에 그 친척들이 망인을 위하여 온갖 성사(聖事)를 지으면 망인은 7분의 1 공덕을 얻고 6분 공덕은 산 사람이 얻는다" 하였다.

6. 법사는 도행(道行)이 구족한 이를 청할 것

상중(喪中)에 법사를 청할 때에는 될 수 있는 대로 도행(道行)이 진정(眞正)하고 지해(智解)가 명철한 이를 택할 것이니, 법사의 계행(戒行)이 깨끗지 못하였거나 법요(法要)의 의식이 분명하지 못하거나 사리(私利)를 탐하는 일이 있거나 하면 중유(中有)가 신통력(神通力)이 있어서 아는 까닭으로 실망하거나 회한(悔恨)하여 성난 마음이 생기면 고취(苦趣)에 떨어지기 쉬우니라.

중국의 송(宋)나라 소흥년간(紹興年間)의 회음(淮陰) 때에 어떤 사람이 딸이 죽어 한식이 지나도록 천도(薦度)하지 못함을 한탄하여 그 어머니가 머리털을 잘라 팔아 돈 육백을 만들어 법사를 청하여 불사를 지으려 하였더니 마침 승려 다섯 사람이 문 앞을 지나가므로 맞아 들여서 불사를 청하였더니, 그 승려들이 서로 미루다가 그 중 한 승이 허락하고 금광명경(金光明經) 일부를 독송하여 회향하고 집으로 돌아가다가 노상에서 먼저 간 네 사람의 동행을 만나 술집에 들어갔더니 별안간에 창밖에서 소리하여 부르기를 “경 읽은 스님은 술을 마시지 말라” 하는지라 승이 누구냐고 물었더니 “나는 스님이 금광명경을 읽던 집 주인의 죽은 딸로서 오랫동안 어두운 데 빠져 있다가 법사의 독경 공덕으로 죄업(罪業)을 벗고 나오게 되었는데 법사가 만일 술을 먹어서 재(齋)를 깨뜨리면 나는 벗어날 수 없노라” 하고 어디론지 가버렸다.

그리하여 그 승려들은 이 말을 듣고 마침내 지계(持戒)수행하여 성도(成道)하였다 한다.

7. 제사에 살생하지 말 것

제사(祭祀)에 생물(生物)을 죽이는 것은 크게 금하고 꺼려야 할 것이니, 즉 살생으로 인하여 중유(中有)가 악보(惡報)를 받게 되는 것이다. 중유가 살생하는 것을 보고는 살생하지 말라고 가족에게 이르지마는 가족이 알아듣지 못하고 살생하면 중유는 성난 마음을 내어 곧 악도(惡道)에 떨어지게 된다.

그러므로 가족들은 제물에 살생하지 말고 소찬(素饌)으로 차리고 조객에게도 육류(肉類)를 대접하지 말 것이며 설사 조객에게는 불만이 있을망정 망인에게는 죄를 얻게 할 수는 없는 것이다.

지장보살본원경(地藏菩薩本願經)에는 "너희들이 살생한 것으로 음식을 차려 놓고 아무리 절을 하고 제사를 지내더라도 망인에게는 터럭만큼도 이익이 되지 못하고 단지 죄연(罪緣)만 맺게 되어 죄가 더욱 깊고 무거워질 뿐이다.

가령 내세나 현세에 성분(聖分)을 얻어서 인(人) 천(天) 중에 태어날 것이라도 죽게 된 때에 모든 식구들이 이 악인(惡人) 즉 살생 같은 것을 지은 인연으로 망인에게 해와 괴로움을 받게 되어 인(人), 천(天)에 낳는 일이 늦어질 것이거늘 하물며 망인이 생시에 조금도 선근이 없으면 각각 본업(本業)에 따라 스스로 악보(惡報)를 받게 되겠거늘 어찌하여 식구들의 잘못으로 망인의 업을 더하게 하랴.

비유컨대 먼 곳에서 오는 사람이 양식은 끊어진 지가 삼일이 되었는데 등에 짊어진 짐은 무게가 백 근이 넘는데 만일 별안간에 이웃 사람을 만나서 또 다른 물건을 첨가한다면 짐이 무거워서 꼼짝할 수 없는 것과 같다"고 하였다.

8. 왕생의 징조와 서응(瑞應)에 구애되지 말 것

염불인 중에 극락에 왕생할 사람은 죽을 때에 이상한 징조나 여러 가지 길한 징조가 나타나는 것이 보이는 것이니, 염불인은 그런 일에 구애되지 말고 극락왕생만 발원하고 일심(一心)으로 염불만 할 것이다.

가령 길한 징조가 나타나는 것이 보이더라도 거기에 마음이 움직이어 염불이 한결같지 못하거나 염불을 중단하여서는 옳지 않으니, 길한 징조가 나타나는 것이 보일수록 더욱 침착하며 일심으로 염불을 계속할 것이며, 또 길한 징조가 나타나는 것이 보이지 않더라도 역시 일심으로 염불을 계속할 것이다.

부처님께서 중생들을 구제하시는데 현저히 하시기도 하고 은연히 하시기도 하여 범부로서는 추측할 수 없는 것이니 설사 일시에 길한 징조가 나타나는 것이 보이지 않더라도 그로 인하여 실망하지 말고 일심으로 염불할 것이다. 이 일심으로 염불하는 것이 극락에 왕생하는 요결(要訣)이니라.

제11장 구품왕생과 변의(辨疑)

무량수경(無量壽經)에는 삼배생(三輩生)이 있는 것을 관무량수불경(觀無量壽佛經)에는 삼배생을 구품(九品)으로 나누었다. 극락정토에 왕생하는데 그 행업(行業)의 우열(優劣)에 따라서 구품의 계급을 세운 것이다.

(1) 상품상생(上品上生)은 금강대(金剛臺)를 타고 저 나라에 가서 난다.

(2) 상품중생(上品中生)은 자금대(紫金臺)를 타고 가서 저 나라에 가서 나되 하룻밤을 지낸 뒤에 연꽃이 핀다.

(3) 상품하생(上品下生)은 금연화(金蓮華)를 타고 가서 나되 하루 낮 하루 밤을 지낸 뒤에 연꽃이 핀다.

(4) 중품상생(中品上生)은 연화대(蓮華臺)를 타고 가서 나되 오래지 아니하여 연꽃이 핀다.

(5) 중품중생(中品中生)은 칠보연화(七寶蓮華)를 타고 가서 나되 7일을 지낸 뒤에 연꽃이 핀다.

(6) 중품하생(中品下生)은 연화대 말이 없고 곧 극락세계에 가서 낳는다는 말뿐이다

(7) 하품상생(下品上生)은 보연화(寶蓮華)를 타고 가서 나되 칠칠(49)일을 지낸 뒤에 연꽃이 핀다.

(8) 하품중생(下品中生)은 천화(天華)를 타고 가서 나되 6겁(劫)을 지낸 뒤에 연꽃이 핀다.

(9) 하품하생(下品下生)은 금연화를 타고 가서 나되 12대겁(大劫)을 지낸 뒤에 연꽃이 핀다.

관무량수불경(觀無量壽佛經)에 상품하생자와 하품하생자가 타는 연화를 모두 금연화라 하였는데, 이에 대한 해석은 다음과 같다.

문) 구품왕생은 수행에 우열이 있고 성중(聖衆)이 맞는데 많음과 적음이 있고, 연꽃이 피는데 이름과 늦음이 있고, 진대(珍臺) 보화(寶華)에 모두 차별이 있는데 상품하생과 하품하생에 같이 금연화라 하여 차별이 없으니 무슨 까닭인가.

답) 이에 대하여 세 가지 해석이 있으니

(1) 하품하생의 금연화는 왕생하는 사람이 타는 것이 아니고 맞으러 오신 부처님이 타신 연화인가 한다.

그 사람이 업장이 무거워서 부처님은 뵈옵지 못하고 오직 부처님의 좌대(座臺)만 뵈옵는데 그것도 분명치 못하며 일륜(日輪, 일륜이라 한 것은 華를 일륜에 비유한 것이고 그 量이 큰 것을 형용한 것이다)과 같이 몽롱하게 보는 것이다.

(2) 하품하생의 사람이 업장이 무거워서 부처님이 맞으시는 것을 뵈옵지 못하고 오직 금연화만 얻어 정토에 나는 것이다.

그러므로 관경(觀經)에는 금연화가 그 사람 앞에 머문다 하였으니 만일 이것이 타는 연화라면 어찌하여 보화(寶華)에 앉는다고 말하지 아니 하였으랴.

(3) 하품하생의 금연화는 타는 연화니 상품하생의 금연화와 이름은 같으나 크고 작은 것과 승(勝)하고 열(劣)한 것과 추(僦)하고 묘한 것이 다른 것이다.

관무량수불경(觀無量壽佛經)에 중품하생자에는 부처님이 와서 맞으신다는 말이 없는데 대한 해석은 다음과 같다.

문) 구품왕생은 모두 아미타불의 본원력(本願力)으로 인하여 행인(行人)을 맞아서 불국토에 낳게 하시는 것인데, 오직 중품하생은 성중(聖衆)이 와서 맞는다는 말이 없으니 무슨 까닭인가.

답) 이에 대하여 해석이 두 가지가 있으니

(1) 부처님의 48원에 "행인(行人)의 임종 때에 만일 와서 맞지 아니한다 하면 정각(正覺)을 취하지 아니한다" 하였고 또 하품하생(下品下生)에도 성중이 와서 맞는다는 말이 있는데 중품하생에 그 말이 없는 것은 혹은 번역한 사람이 뺐거나 혹은 생략하고 말하지 아니한 것일 게다.

(2) 아미타불의 48원 중에 "시방(十方)중생이 보리심(菩提心)을 발하여 모든 공덕을 닦고 지심으로 발원하여 내 나라에 나려 하는데, 그 임종 때에 가령 대중(大衆)으로 더불어 그 사람 앞에 나타나지 아니한다면 정각(正覺)을 취하지 않는다" 하셨으니, 이 보리심을 발한다는 것은 무상(無上) 대보리심(大菩提心)을 발하는 것인데 중품(中品)의 세 사람은 무상 대보리심을 발하지 못하고 오직 공덕만 닦아서 왕생하려는 것이므로 왕생할 때에 오셔서 맞으신다는 말이 없는 것이 경문에 빠진 것이 아니고 부처님이 와서 맞으시지 않더라도 그 본원(本願)에 어김이 없는 것이다.

정법(正法)을 비방(誹謗)한 자는 제하고 오역(五逆) 십악(十惡)을 짓더라도 왕생할 수 있다는데 대한 해석은 다음과 같다.

문) 무량수경(無量壽經)에는 "왕생하기를 원하는 이는 모두 왕생할 수 있으나 오직 오역과 정법을 비방한 자는 제한다" 하였고, 관무량수경(觀無量壽經)에는 "오역 십악을 짓고 모든 불선(不善)을 갖추었더라도 왕생할 수 있다" 하였으니 이것을 어떻게 해석하는가.

답) 무량수경(無量壽經)에는 "오역과 정법을 비방한 두 가지 중죄(重罪)로 인하여 왕생하지 못한다" 한 것이고, 관무량수경(觀無量壽經)에는 오역 십악 등 죄를 지었으나 정법을 비방하지 아니하였으므로 왕생하게 된다는 것이니, 이것은 오역죄를 지었더라도 정법을 비방하지 아니하였으면 왕생할 수 있고 오역죄를 짓지 아니하였더라도 정법을 비방하면 왕생하지 못한다는 것이다.

그 이유는 경에 "오역죄인은 아비대지옥(阿鼻大地獄)에 떨어져서 1겁(劫) 중죄를 받고 정법을 비방한 자는 아비지옥에 떨어졌다가 이 겁(劫)이 다하면 또 다시 다른 곳의 아비지옥으로 옮겨서 이리 저리 돌아다니면서 백천 아비지옥을 지나는데 부처님도 그 나올 시절을 알지 못한다" 하셨으니 정법을 비방한 죄가 극히 무거운 까닭이요, 또 정법은 곧 불법이니 못나고 어리석은 사람이 정법을 비방하면서 어찌 정토에 나기를 원할 이가 있겠는가.

가령 부처님 국토가 안락(安樂)한 것만 탐하여 왕생을 원하는 이가 있다 하면 이것은 물이 아닌 얼음을 구함이며 또 연기 없는 불을 구함과 같으니 어찌 그 얻을 이가 있으리오.

정법 비방에 대한 해석은 다음과 같다.

문) 어떤 것이 정법을 비방하는 것인가

답) 만약 부처도 없고 불법도 없다면 보살도 없고 보살법도 없다는 소견(所見)을 제가 생각하였거나 다른 사람에게서 듣고 그 마음이 결정된 것이 모두 비방이다.

문) 이런 것은 단지 자기에게 관한 것인데 중생에게 무슨 해독(害毒)이 있어서 오역 중죄보다 더 중하다 하는가.

답) 여러 부처님과 보살이 세간(世間) 출세간(出世間)의 선법(善法)을 설법하시지 아니하면 중생을 교화하는 이가 어떻게 선악(善惡)을 가려낼 수 있겠는가.

이와 같은 세간의 온갖 선법이 모두 없어지고 출세간의 모든 현성(賢聖)이 모두 없을 것이 아닌가.

그대는 오직 오역죄가 중한 줄만 알고 오역죄가 정법이 없는 데서부터 나는 줄을 알지 못하는 것이다.

그러므로 정법을 비방하는 죄가 가장 무거운 것이다 오역죄가 혹은 왕생할 수 있다 하고 혹은 왕생하지 못한다 하므로 이에 대한 해석은 다음과 같다.

문) 관경(觀經)에는 "오역죄 등을 범하고도 왕생할 수 있다" 하고 무량수경(無量壽經)에는 "오역죄 등을 범하면 왕생하지 못한다" 하였으니, 이것을 어떻게 해석 하는가.

답) 이에 다음 두 가지 해석이 있다

(1)은 '사람'에 대하여 해석한 것인데,

첫째는 오래 전부터 대승심(大乘心)을 발한 사람이 악연을 만나서 역죄(逆罪)를 지은 것이 아사세왕과 같은 것인데 이것은 비록 역죄를 지었으나 반드시 깊이 후회하고 발심하여 깨달은 세계로 들어가기를 구하므로 능히 중죄를 없애 버리고 왕생할 수 있는 것이니, 이는 관경의 뜻이고,

둘째는 자고이래(自古以來)로 대승심을 발하지 못한 사람이 또 역죄를 짓고도 많이 후회하지 못하면서 능히 보리심(菩提心)을 발하지 못하므로 왕생하지 못 하는 것이니 이는 무량수경의 뜻이다.

(2)는 '행(行)'에 대하여 해석한 것인데 행에 정(定)과 산(散)이 있다.

첫째, 사람이 다시 역죄를 지었더라도 능히 16정관(正觀)의 선행을 닦고 깊이 불덕(佛德)을 관(觀)하면 중죄를 없애 버릴 것이므로 왕생하게 되는 것이니 이는 관경의 뜻이고,

둘째, 사람이 역죄를 지은 뒤에 능히 관불삼매(觀 佛三昧)를 닦지 못하면 비록 여선(餘善) 즉 다른 선행을 지었더라도 능히 죄를 없애 버릴 수 없으므로 왕생하지 못하는 것이니, 이는 무량수경의 뜻이다.

제12장 염불하여 왕생한 예

우리나라와 중국에서 극락에 왕생한 사람들이 심히 많으나 이들 가운데서 몇 사람만 다음에 적어 본다.

1. 우리나라 사람

(1) 광덕(光德)과 엄장(嚴莊)

신라의 문무왕(文武王)때에 광덕(光德)과 엄장(嚴莊) 두 사문(沙門)이 있어 사이가 매우 두터워서 항상 서로 약속하기를 먼저 극락에 가는 사람이 뒤 사람에게 알려 주자고 하였다. 광덕은 경상북도 경주에 있는 분황사 서쪽 마을에 은거하면서 신 삼는 일을 업으로 하고 아내를 두고 살았고 엄장은 남악(南岳)에 있으면서 농사를 짓고 혼자 살았다.

하루는 석양볕이 산마루에 옆으로 비스더미 비치어 솔나무 그늘이 고요히 내리는데 광덕이 창 밖에서 "나는 벌써 서방 극락에 갔으니 그대는 잘 있다가 나를 따라 오라" 하는 소리에 엄장이 문을 열고 나가 보니 구름 속에서 풍악 소리가 들리며 광명이 땅에까지 뻗치었다.

이튿날 광덕을 찾아가 보니 과연 죽었다.

엄장은 광덕의 아내와 함께 장사를 치르고 그 아내에게 "광덕이 죽었으니 나와 함께 사는 것이 어떠한가?" 하였더니 그 아내가 허락하므로 그 집에 그대로 머물러 살다가 어느 날 동침을 요구하였더니 아내는 이상하게 여기면서 "스님이 정토에 왕생하려 함은 마치 나무에 올라가서 생선을 잡으려 함과 같소." 하였다.

그러므로 엄장이 “광덕도 그랬을 터인데 어찌하여 나는 그렇지 못하는가.”하였다.

아내는 또 말하기를 “남편이 나와 십년을 같이 살았지만 한 번도 한 자리에서 잔 적이 없었는데 하물며 몸을 더럽힐 리가 있으랴. 남편은 매일 단정히 앉아서 일심으로 아미타불을 염불하거나 혹은 십육관(十六觀)을 닦았으며 그러다가 관(觀)이 성취되고 달빛이 창틈으로 들어오면 달빛 위에 올라가 가부좌하고 앉아서 지성으로 공부하였으니, 그러고야 서방 극락세계에 아니 가고 어디로 가겠소. 천리 길을 가는 사람은 첫 걸음부터 알 수 있다는데 이제 스님의 하는 것을 보면 동으로는 갈지 모르나 서방으로는 갈 것 같지 않습니다.” 하였다.

엄장은 망신을 톡톡히 당하고 부끄럽게 여겨 돌아와서 원효(元曉)스님을 찾아보고 정성껏 공부하는 방법을 물었더니 원효스님은 쟁관(諍觀)하는 법을 가르쳐 주었다. 엄장은 그 후부터 일심(一心)으로 관(觀)을 닦다가 역시 서방 정토에 왕생하였다.

(2) 욱면(郁面)

신라 경덕왕(景德王) 때 강주(康州), 지금의 진주에 선남자 수십 명이 모여 서방에 왕생하기를 원하여 그 고을 경내에 미타사(彌陀寺)를 처음으로 세우고 만일 기한으로 염불회를 결성하고 염불하였다.

이때 아간귀진(阿干貴珍) 집의 계집종 욱면이 상전(上典)을 따라와서 길 뜰 가운데 서서 염불을 하곤 하였다.

주인이 저 할 일을 아니하고 따라 와서 염불하는 것을 밉게 여겨 매일 곡식 두 섬씩을 주면서 하루 저녁에 찧게 하였더니, 욱면은 1경(更)쯤 되어 벌써 찧어 마치고 곧 절에 가서 또 염불을 하면서 밤낮으로 게으르지 아니하였다.

마당 가운데 좌우 양쪽에 긴 말뚝을 세우고 두 손바닥을 노끈으로 말뚝에 메고 합장(合掌)한 채로 좌우로 왔다 갔다 하면서 지성으로 수행하더니 한 번은 공중에서 소리 나면서 "욱면 아씨도 법당에 들어가서 염불하라" 하는 것이었다.

대중이 이 소리를 듣고는 욱면을 권하여 법당에 들어가서 대중과 함께 염불하게 하였다.

그러한지 얼마 후에 하늘 풍악이 서쪽에서 들려오면서 욱면이 자리에서 솟아서 지붕을 뚫고 공중으로 올라가서 서쪽으로 향하더니 교외에 이르러 형체를 버리고 진신(眞身)을 나타내어 연화위에 앉아 광명을 놓으면서 천천히 서방으로 가는데 풍악 소리가 그치지 아니하였다.

승전(僧傳)에는 동량화주(棟樑化主) 팔진(八珍)은 관음보살이 변하여 나타나신 것으로 신도 천인 을 데리고 있으면서 두 반으로 나누어 한 반은 노력을 제공하고 한 반은 수행하였다.

노력하는 반에서 일 보는 사람이 계를 지키지 못하고 축생도에 떨어져서 부석사(浮石寺)의 소가 되어 항상 경(經)을 싣고 다니더니 경을 실었던 공력(功力)으로 아간귀진의 집에 태어나서 계집종이 되었으니 이름이 욱면이라, 볼 일이 있어 하가산(下柯山)에 갔다가 꿈을 꾸고 보리심(菩提心)을 발하였다 한다.

아간(阿干)의 집이 혜숙법사(惠宿法師)가 처음으로 세운 미타사에서 떨어진 거리가 멀지 아니하였고 아간이 매양 미타사에 가서 염불하였는데 욱면도 따라 가서 뜰 가운데서 염불하였다 하며, 이렇게 염불하기 9년 동안 을미년 정월 21일에 예불하다가 지붕을 뚫고 공중으로 올라 가다가 소백산에 가서 신 한 짝을 떨어뜨렸는데 그곳에 보리사(菩提寺)를 지었고, 산 밑에 이르러 육신을 버렸는데 그 곳에 제2 보리사를 짓고 현판을 '욱면 등천지천'이라 하였다 한다.

(3) 염불사(念佛師)

경주의 남산 동쪽에 피리촌(避里村)이 있고 촌 중에 절이 있으니 이름을 피리사(避里寺)라 하였다.

그 절에 스님이 있으나 이름을 말하지 않았다. 항상 아미타불을 염불하는 소리가 성중(城中) 삼백육십 방(坊) 십칠만 호(戶)가 다 같이 듣게 되는데 그 소리가 크지도 작지도 않고 언제나 한결같이 들리었다. 그래서 사람들이 이상하다고 존경하면서 '염불스님'이라고 불렀다.

염불스님이 입적한 뒤에 흙으로 등상을 만들어서 민장사(敏藏寺)에 모시고 그가 있던 피리사는 염불사라고 이름을 고치고 그 절 곁에 있는 작은 절 이름을 양피사(讓避寺)라 하였다.

(4) 포천산(布川山)의 다섯 비구

삽양주 동북 이십 리 쯤에 포천산이 있고 산 중에 석굴(石窟)이 있어 매우 이상하고 고와서 마치 사람이 일부러 파서 만든 것 같았다.

다섯 비구가 그 굴에 와 있었는데 이름은 알 수 없고 항상 아미타불을 염불하기 수십 년이 되었다.

하루는 문득 성중(聖衆)이 서쪽으로부터 와서 맞으므로 다섯 비구가 각각 연대(連臺)에 올라 앉아 공중에 떠서 가다가 통도사

문밖에 이르러 유연(留連) 하면서 하늘 풍악이 잡히었다.

절 승이 나가 보니 다섯 비구가 무상(無常) 고(苦) 공(空)의 이치를 풀어 밝히고는 육신을 벗어 버리고 대광명(大光明)을 놓으면서 서쪽으로 가버렸다. 육신을 버린 곳에 스님들이 정사(亭榭)를 짓고 치루(置樓)라 이름 하였는데, 지금도 있다 한다.

(5) 발징화상(發徵和尙)

신라 경덕왕(景德王) 때 발징화상이 건봉사(乾鳳寺)에서 염불만일회(念佛萬日會)를 설치하고 지성으로 염불하다가 도반(道伴) 31명과 함께 허공으로 올라가 왕생한 일은 제3장 5에 있다.

2. 중국 사람

(1) 혜원대사(慧遠大師: 蓮宗 初祖)

대사는 동진(東晋) 때 안문(雁門)의 번루(煩樓) 사람으로 성은 가(賈)씨요 이름은 혜원(慧遠)이다. 나이 31세에 출가하고 태원(太元)15년에 여산(廬山)의 동림사(東林寺)에서 승속(僧俗) 123인과 함께 백련사(白蓮社)를 결성하고 염불 수행하면서 30년 동안 산 밖에 나가지 아니하고 처음 11년 동안에 세 번이나 성상(聖像)을 뵈었으나 말하지 아니하였다.

그 후 19년 만에 즉, 의희(義熙)12년(서기 416년) 7월 그믐날에 정(定)에서 일어날 때에 아미타불신(身)이 허공에 가득하고 원광(圓光) 속에 무수한 화신(化身)이 있으며 관음 세지 두 보살이 모시고 서 계셨는데, 아미타불이 말씀하시기를 "내가 본원력(本願力)으로 와서 너를 위안하노니 네가 7일 후에는 마땅히 내 나라에 나리라" 하시고 또 불타야사(佛陀耶舍) 혜지(慧持) 혜영(慧永) 유정지(劉程之) 등이 옆에 있다가 읍(揖)하면서 "사(師)가 우리보다 먼저 뜻을 세웠는데 지금에야 오십니다 그려" 하였다.

이해 8월 초하룻날에 병이 나더니 초엿새 날에 도중(徒衆)을 모아 훈계하고 단정하게 앉아서 입적하니 나이가 83세이다.

(2) 선도대사(善導大師, 연종 제2조)

대사는 당나라 사람으로 정관년(貞觀年) 중에 서하(西河) 도작선사(道綽禪師)의 구품도량(九品道場)을 보고 기뻐하여 말하기를 "이것이 참으로 불(佛)에 들어가는 진요(津要)니 다른 행업(行業)을 닦아서는 우벽(迂僻)하여 성취하기 어렵고 오직 이 법문이라야 속히 생사를 초출(超出)하리라" 하고 이에 주야로 예송(禮誦)하되 집에 있어서는 장괘(長跪) 창불(唱佛)하고 밖에 나가서는 정토법문을 연설하기 30여 년 동안 잠을 자지 아니하며 계행(戒行)을 깨끗이 가져 범치 아니하였다. 좋은 음식은 남에게 주고 나쁜 것은 자기가 먹으며 가사(袈裟)와 병발(瓶鉢) 등도 자기가 지고 다니며 다른 사람에게 의뢰하지 아니하였으며, 타인과 동행하면 세상의 일을 말하게 된다고 항상 혼자 다녔다.

또 아미타경 십만여 권을 쓰고 정토변상(淨土變相) 삼백 벽을 그렸으며 탑(塔)과 절을 수리하며 영조(營造)하고 항상 사람을 교화하였다 그의 교화를 받은 사람 중에는 아미타경은 십만 번 내지 오십만 번을 외운 이가 있고 불명(佛名)을 만 번 내지 십만 번을 일과로 하는 이도 있어서, 그 중에 염불삼매(念佛三昧)를 얻어 정토에 왕생한 이도 많았다.

어떤 이가 "염불하면 정토에 왕생하느냐?" 물으면,

대사는 답하되 "나와 같이 염불하면 너의 소원을 이루리라" 하고 대사가 이에 스스로 1성(聲)을 염불하니 한 광명이 입에서 나오고 십 성하고 백 성하매 광명 또한 이 수 대로 나왔다.

대사가 하루는 "나는 이제 서방정토로 돌아가겠다" 하고 절 앞에 있는 버드나무에 올라가서 서향하여 축원하되 "부처님이 나를 접인(接引)하시고 보살들이 나를 도우시어 나로 하여금 정념(正念)을 잃지 않고 안양(安養 곧 極樂)에 왕생케 하소서" 하고 몸을 던져서 죽으니 고종(高宗)이 그 신이(神異)함을 알고 절 현판을 내려 주면서 '광명(光明)'이라 하였다.

有禪有淨土 참선수행도 하고 염불수행도 하면
猶如戴角虎 마치 뿔 달린 호랑이 같아
現世爲人師 현세에 사람들의 스승이 되고
來世作佛祖 장래에 부처나 조사祖師가 될 것이다.

無禪有淨土 참선수행은 없더라도 염불수행만 있으면
萬修萬人去 만 사람이 닦아 만 사람이 모두 가나니
若得見彌陀 단지 가서 아미타불을 뵙기만 한다면
何愁不開悟 어찌 깨닫지 못할까 근심 걱정 하리오.
(영명연수 대사)

- <생사해탈의 오직 한 길> 중에서

(3) 영명지각 연수대사(永明知覺 延壽大師: 연종 第6조)

대사는 북송 때의 단양(丹陽) 사람으로 이름은 연수(延壽), 자(字)는 충현(沖玄)이고 호는 포일자(抱一子)이다.

나이 삼십이 넘어서 출가하여 영명사(永明寺)에 머물렀으므로 세상에서 영명선사(永明禪師)라 칭하였고 또 오월(吳越)의 충의왕(忠懿王)이 지각선사(知覺禪師)라 호를 내려 주었다.

대사가 출가 후 처음에 선종의 법안종(法眼宗)에 속하였다가 뒤에 염불의 정업(淨業)을 전수(專修)하여 매일 일백팔사(一百八事)를 행하여 밤에는 별봉(別峰)에 가서 행도염불(行道念佛) 하는데 옆의 사람들이 천악(天樂)소리를 들었다.

대사는 십오 년 동안 영명사에 있으면서 제자 천칠백 인을 출가시켰고 계(戒)를 준 것이 만여 인, 사십만 본(本)의 미타탑(彌陀塔)을 찍어서 보시하고 또 관음변재(觀音辯才)로써 염불을 권장하여 연종(蓮宗)을 널리 퍼뜨려 실행되게 진력하였는데, 세상에서 지씨(慈氏: 미륵보살)가 하생(下生)하였다 칭한다.

대사는 임종 때에 갈 때를 미리 알고 개보(開寶)8년 2월 26일 새벽에 일어나 분향한 후 가부좌하고 앉아서 화(化)하였다 수가 72세이다.

(4) 운서연지 주굉대사(雲棲蓮池株宏大師, 연종 제8조)

대사는 명(明)나라 때 항주(杭州) 인화현(仁和縣) 사람으로 성은 심씨(沈氏), 이름은 주굉(株宏), 자는 불혜(佛慧)이고, 호는 연지(蓮池)이다. 대사는 사십이 넘어서 출가 하였는데 세상에서 연지대사(蓮池大師) 또는 운서화상(雲棲和尙)이라 불렀다.

처음에 대사의 이웃집에 한 노파가 있어서 불명(佛名) 수천 번을 일과로 부르므로 그 연고(緣故)를 물으니 노파가 말하기를 "선부(先夫)가 염불하다가 병 없이 죽었다"는 말을 듣고 염불 공덕이 불가사의함을 알고는 그 후부터 정토에 마음을 두어 안두(案頭)에 '생사사대(生死事大)' 넉 자를 써서 스스로 경책(警策)하고, 그 후에 선종의 제사(諸師)를 만나 진리를 깨달았으나 더욱 연종을 널리 퍼뜨려 실행되게 전력하여 널리 염불을 권장하였다.

대사는 계살문(戒殺文) 등을 지어 계율을 다시 일으키고 중선(衆善)을 널리 닦아서 정업(淨業)에 자(資)하고 또 아미타경소초(阿彌陀經疏抄) 등의 저서가 많이 있는데, 후세 사람이 집록(集錄)하여 운서법휘(雲棲法彙)라 하였다.

대사가 만력(萬曆)40년 7월 7일 저녁에 말하기를 "나는 내일 가겠다" 하더니 이튿날 저녁에 미질(微疾)이 있어 눈을 감고 앉았다가 다시 눈을 뜨고 대중에게 말하기를 "노실(老實)하게 염불하라" 하고 서향하여 염불하면서 앉아서 화(化)하니 나이 81세이다.

(5) 승예(僧叡)

진(晉)나라 때의 장악(長樂) 사람으로 여산(廬山)에 들어가 혜원(慧遠)에 의하여 염불의 정업(淨業)을 닦아서 안양(安養: 極樂)에 왕생하기를 원하여 행, 주, 좌, 와 중에 서방정토를 등지지 않더니 원가(元嘉)16년에 병 없이 문득 승중(僧衆)을 모아 작별을 고하고 목욕한 후에 서향하여 앉아서 합장하고 화(化)하니 오색향연(五色香煙)이 가득하였다. 나이 67세이더라.

(6) 유정지(劉裎之)

진(晉)나라의 팽성(彭城) 사람으로 성은 유(劉)씨 이름은 정지(裎之)이고 자(字)는 중사(仲思), 호(號)는 유민(遺民)이다.

정지(裎之)는 처음에 부참군(俘叅軍)이 되었다가 공경(公卿)들의 인천(引薦)을 모두 사퇴하고 여산(廬山)에 들어가서 혜원대사(慧遠大師)와 함께 백련사(白蓮社)를 결성하고 정토업(淨土業)을 닦았다.

정지가 정중(定中)에 불광(佛光)이 땅에 비치어 금색이 되는 것을 보았고 또 염불할 때에 아미타불의 옥호광(玉毫光)이 비치며 손을 드리워 위접(慰接)하시는 것을 뵈옵고 정지가 "어찌 감히 여래께서 나의 정수리를 만지시며 옷으로 덮어 주시기를 바라겠습니까" 하니, 부처님이 이마를 만지시며 가사를 끌어 덮어 주셨고, 다른 날 꿈에는 칠보지(七寶池)에 들어가 청백색의 연화를 보고 그 물이 잠잠한데 목에 원광(圓光)이 있고 가슴에 만자가 있는 사람이 연못물을 가리키면서 "팔공덕수(八功德水)를 마시라" 하매 정지가 그 물을 마셨더니, 맛이 달고 꿈이 깬 뒤에도 이상야릇하게 좋은 향기가 털구멍에서 발하는지라, 이에 대중에게 말하기를 "내게 정토의 연(緣)이 왔다" 하고 불상에 분향재배하면서 축원하기를 "내가 석가모니불이 남기신 가르침에 의하여 아미타불이 계신 것을 알았으니, 이 향을 석가여래께 공양하고 다음에 아미타불과 묘법연화경(妙法連華經)에 공공양하고 일체 유정(有情)이 모두 정토에 왕생하길 원하나이다." 하고 서향하여 합장하고 앉아서 화(化)하니 때는 진의희(晋義熙)6년이요. 수가 59세이다.

(7) 문언박(文彦博)

송(宋)나라 때에 분주(分州) 개휴(介休)의 사람인데 자(字)는 관부(寬夫)이다. 송나라의 인(仁) 영(英) 철(哲)의 네 왕조(王朝)에 역사(歷仕)하여 출장입상(出將入相)한 지 50여 년에 벼슬이 태사(太師)에 이르고 역경윤문사(譯經潤文使)를 겸하여 노국공(潞國公)을 봉하였다.

노국공이 원래 불법에 귀의하여 만년에는 아미타불을 전념(專念)하고 발원하기를 "내가 항상 잡념을 버리고 오로지 불도에만 열중하여 일체선(一切善)을 근수(勤修)하기를 원하며 내가 심종(心宗)을 깨닫고 널리 모든 함식(含識)을 제도하기를 원한다" 하고 경사(京師)에 있어서 정엄법사(淨儼法師)로 더불어 십만 인을 모아 정토회(淨土會)를 만들었더니, 사대부를 좇는 이가 많았고 임종에 안연(晏然)히 염불하며 앉아서 화(化)하니 92세이다.

(8) 왕일휴(王日休)

송(宋)나라 때의 여주(廬州) 용서(龍舒) 사람으로 자(字)는 허중(虛中)이다.

사람됨이 마음이 바르고 얌전하며 검소하고 깨끗하였으며 고종조(高宗朝)에 국학진사(國學進士)가 되었으나 벼슬을 버리고 나가지 아니하였다. 경사(經史)에 박통(博通)하였으나 하루아침에 버리고 말하기를 "이것은 다 업습(業習)이요, 구경법(究竟法)이 아니니 나는 서방으로 돌아간다" 하고 그로부터 염불에 잡념을 버리고 오로지 불도에만 열중하였고 나이 육십에 포의소식(布衣蔬食)으로 천 배(拜)를 하며 용서정토문(龍舒淨土文)을 지었는데, 왕공(王公) 사대부(士大夫)로부터 도자(屠者) 걸개(乞丐) 노복(奴僕) 비자(婢子) 배우(俳優) 기녀(妓女) 등에 이르기까지 정토법문으로 귀의하기를 권인(勸引)하였으며, 쉬운 말로써 간곡히 알아듣게 일러 주는 것이 부형이 자제를 교훈하듯이 하였다.

왕일휴는 명종(命終)하기 3일 전에 여러 친지에게 작별을 고하며 다시 보지 못하겠다는 말이 있더니, 기일에 이르러 평소와 같이 염불하다가 문득 큰 소리로 '아미타불'을 부르고 "부처님이 와서 맞으신다" 하면서 서서 화(化)하였다.

(9) 서뢰(徐雷)

중화민국 절강(浙江) 낙청(樂淸) 사람으로 음주와 야유(冶遊)를 좋아하여 팽할(烹割) 음연(飮讌)이 비는 날이 없더니 경신년(庚申年) 즉 1920년 정월 보름날 밤에 어떤 사람의 수족을 네 기둥에 얽어매고 두 귀졸(鬼卒)들이 몽둥이로 그 등을 치는데 참혹하기 이를 데 없었다.

서뢰가 가까이 가서 보니 곧 자기라 놀랍고 두려운 중에 사지(四肢)는 얽어매었고 등에는 통격(痛擊)을 받으므로 아픔을 참지 못하여 큰 소리로 부르짖더니 공중에서 염불 소리가 나는 것을 듣고 따라서 염불하다가 깨어나니 등이 아직도 아픈지라 대단히 무서워서 평일에 사행(邪行)하던 것을 생각하니 부끄럽고 후회되기 짝이 없었다.

곧 맹성(猛省)하여 "내가 들으니 불도를 배우면 가히 생사(生死)를 끝낼 수도 있고 지옥의 고를 면할 수도 있다더라" 하고 그 후부터 앞서 저지른 악행을 통절히 고치고 매일 아미타불의 명호(名號)와 화엄경 보현행원품(華嚴經 普賢行願品)을 외우더니 하루는 저녁에 그 처에게 말하기를 "내일은 불보살이 오셔서 나를 접인(接引)하실 터이니 방을 깨끗하게 하고 분향 예배하라" 하고 이튿날에 목욕한 뒤에 옷을 갈아입고 단정히 앉아서 염불하면서 죽었다.

(10) 정진니(淨眞尼)

당 나라 때의 비구니로 장안(長安)의 적선사(積善寺)에 있으면서 열성 있고 진실하게 염불하더니, 하루는 제자들에게 말하기를 "다섯 달 동안에 열 번 부처님을 뵈었고 또 보연화(寶蓮華) 위에 동자가 유희하는 것을 보았으니, 나는 상품생(上品生)을 얻었노라" 하고 가부좌하고 화(化)하니 서광(瑞光)이 절 안에 가득하였다.

(11) 과인니(果仁尼)

중화민국 팽택(彭澤) 도(陶)씨의 딸로 광서(光緖) 병오년(丙午年)에 읍(邑)의 정토암(淨土庵)에서 출가하여 중화민국 원년(元年) 즉 서기 1913년에 정토법문을 듣고 곧 신심을 발하여 부지런히 염불하더니 갑자년(甲子年) 겨울에 대단하지 않은 병이 있었는데, 그 도제(徒弟) 상삼(常參)이 섣달 8일 꿈에는 동자 넷이 앞에서 당번(幢幡)을 들고 또 네 사람은 뒤에서 교자(轎子)를 메고 말하기를 "이 집 사장(師丈)을 접인(接引)하여 서방으로 간다" 하였고, 다음 해인 을축년(乙丑年) 4월 20일 과인니의 꿈에는 어떤 스님이 왼손에는 연화발(蓮華鉢)을 들고 오른손은 아래로 드리워 무릎을 지나는데 과인니에게 말하기를"너는 마땅히 6월 5일에 연좌(蓮座)에 오른다" 하였고, 또 6월 3일 상삼(常參)의 꿈에는 어떤 스님의 신장이 열 자가 넘으며 붉은 가사(袈裟)를 입고 가슴 앞에 한 가닥의 띠를 비스듬히 걸었는데 '나무서방아미타불'이라 썼고 머리에는 연꽃잎 모자를 쓰고 이마에는 백연화(白蓮

華) 일타(一朶)를 나타내고, 한 부처님이 그 위에 가부좌하고 앉으셔서 "이 집 사장(師丈)을 청하여 같이 간다" 하셨다.

6월 초5일에 과인니가 서쪽으로 돌아 갈 것을 예언하여 도제들이 와서 조념(助念)하였고 점심 후에 과인니가 대중에게 이르기를 "날씨가 매우 덥고 나는 무시(戊時)에 갈 터이니 각기 집에 돌아가서 목욕하고 다시 와도 늦지 않다" 하였다.

그래서 대중이 제 각기 집으로 돌아갔다가 다시 와서 보니 과인니는 가부좌하고 앉아서 염불 수성(數聲)에 화거(化去)하였다.

이튿날 감(龕)에 넣었을 때에도 용모가 생시와 같았고 유서에 의하여 골회(骨灰)를 길에 흩으려 뜨려 중생의 연(緣)을 맺었다.

(12) 독고황후(獨孤皇后)

수(隨)나라 문제(文帝)의 황후(皇后)로서 성은 독고(獨孤)이다. 황후는 비록 궁중에 있으나 깊이 여질(女質)을 싫어하고 대승(大乘)을 존경하고 사모하여 항상 아미타불을 염불하며, 염불할 때에는 반드시 먼저 정의(淨衣)를 갈아입고 침수향(沈水香)을 씹어서 입을 깨끗이 하였다.

인수(仁壽) 2년 즉 서기 602년 8월 갑자일에 영안궁(永安宮)에서 죽었는데, 이상야릇하게 좋은 향기가 방안에 가득하고 천악(天樂)이 하늘에서 떨쳐 울렸다.

문제(文帝)가 범승(梵僧) 사제사나에게 "무슨 길조(吉兆)이냐?" 고 물었더니, 범승은 "정토에 아미타불이 계시는데 황후가 정토에 왕생하셨으므로 이런 길조가 있는 것입니다" 라고 대답하였다.

(13) 왕씨(王氏)

송(宋)나라 형왕(王)의 부인으로 성은 왕씨인데, 정업(淨業)을 한결같은 마음으로 닦아 밤과 낮에 끊임없이 쉬지 아니하였고 모든 첩과 계집종들을 인도하여 서방정토에 마음을 돌리게 하였는데, 그 중의 한 첩이 게으르므로 왕부인이 꾸짖기를 "너 한 사람으로 나의 규구(規矩: 규칙)를 깨뜨릴 수 없다"고 하니 그 첩이 뉘우치고 마음을 단단히 먹고 정력을 다하여 나가다가 하루는 동무들에게 말하여 "나는 가노라" 하더니, 그날 밤에 이상야릇하게 좋은 향기가 방안에 가득하면서 병 없이 죽었다.

이튿날 그 동무가 왕부인에게 말하기를, 꿈에 죽은 첩을 만났는데 "부인의 훈책(訓責)으로 말미암아 서방에 왕생케 되어 은덕을 느낌이 무량 하노라" 하거늘 그 사실을 부인에게 말하였더니, 왕부인은 내가 꿈을 꾸어야 믿겠다. 하더니 그날 밤 부인의 꿈에 죽은 첩이 나타나 여전히 그렇게 치사하는지라 부인은 "나도 서방정토에 가 볼 수 있느냐?" 하니 첩이 "갈 수 있다" 하면서 죽은 첩이 부인을 인도하여 한 곳에 이르니 큰 연못 속에 연화가 있는데 크고 작은 것이 간착(間錯)하였으며 혹은 성하게 잘된 것도 있고 혹은 시들은 것도 있거늘 부인이 그 연고를 물으니, 죽은 첩이 말하기를 "세상 사람이 서방정토를 닦는 이가 겨우 일념(一念)을 발하여도 이 못에 연꽃 한 송이가 생기는데 정력을 다하여 나가는 이는 성하게 잘되고 게으른 이는 시드는 것이니 만일 오래오래 정력을 다하여 나가서 쉬지 아니하면 염(念)이 성숙하고 관(觀)이 성취되어 육신을 버리고 이 가운데에 태어나는 것입니다." 하는데, 그 중에 한 사람은 조복(朝服)을 입고 보관(寶冠) 영락(瓔珞)으로 몸을 장엄하고 앉았으므로 부인이 누구냐고 물으니, 죽은 첩이 말하기를 "양걸(楊傑)입니다." 라고 한다.

또 한 사람은 조복(朝服)을 입고 앉았으나 꽃이 시들었으므로 누구냐고 물으니 죽은 첩이 마우(馬玗)라 한다.

부인이 "나는 어느 곳에 나느냐?" 물었더니 죽은 첩이 부인을 인도하여 수리(數理)를 가서 바라보니 한 화대(華臺)가 황금색과 푸른색이 찬란하고 광명이 휘황(輝惶)한데 죽은 첩이 "이것이 부인의 생처(生處)로서 금대(金臺) 상품상생(上品上生)입니다" 라고 하였다.

부인이 꿈을 깨니 기쁨과 슬픔이 교집(交集)한다.

부인은 이 해 생일에 일찍 일어나 향로를 받들고 관음각(觀音閣)을 바라보면서 섰거늘, 권속들이 앞에 가서 자세히 보니 이미 화거(化去)하였다.

(14) 염불파(念佛婆)

원(元)나라 때에 어떤 염불 할머니가 있었는데, 지순(至順) 원년(元年) 경오년(庚午年) 즉 서기 1320년에 절서지방(浙西地方)에 여러 해 흉년이 들어 굶어 죽는 이가 많았다.

굶어 죽은 송장들을 육화탑(六和塔) 뒷산 큰 구렁에 가져다가 버렸더니, 그 중에 한 여자 송장은 수십 일을 지내어서도 썩지 아니하고 언제나 여러 송장들 위에 올라와 있는지라 이상하게 여겨 그 송장의 몸을 뒤져 본 즉 품속에 작은 주머니가 있고, 그 속에 '아미타불도(阿彌陀佛圖)' 세 폭이 들어 있었다.

이 일을 관청에서 알게 되어 관(棺)에 넣어 화장하였는데 화

염(火炎) 중에 보살 상(像)이 나타나고 광명이 찬란하였다. 이로 인하여 발심 염불하는 이가 심히 많았다 한다.

(15) 장선화(張善和)

당(唐)나라 때 사람으로 소 잡는 직업을 하였더니, 임종 때에 수십 마리 소가 사람의 말을 하면서 "네가 나를 죽였으니 내 목숨을 도로 내노라" 하므로 장선화는 대단히 무서워서 처를 불러 "급히 스님을 청하여 염불하게 하여 달라" 하므로 처가 스님을 청하니, 스님이 와서 말하기를 "관경(觀經)에 말씀하시기를 '만일 중생이 불선업(不善業)을 지어서 마땅히 악도(惡道)에 떨어질 사람이라도 아미타불을 지성으로 십념(十念)하면 팔십억 겁(劫)의 생사(生死)의 죄를 없애 버리고 곧 극락세계에 왕생한다' 하셨으니 곧 염불하라" 하였다.

장선화는 지옥이 조금의 여유도 없이 매우 급하게 되었으니 향로를 가져 올 겨를이 없다 하면서 왼 손으로 불을 들고 오른 손으로 향을 잡고서 서향하여 소리를 높여 염불하니, 십성(十聲)이 차기도 전에 문득 말하기를 "부처님이 오시어서 나를 맞으신다" 하고 죽었다.

지옥이 조금의 여유도 없이 매우 급한 것을 보고 안타깝고 황급하여 그 간절한 정성이 다시 딴 생각이 없으므로 이때의 십념이 다른 때의 백천만억 념(念)을 초과하는 것이니 결정코 왕생하는 이치가 실로 이와 같은 것이다.

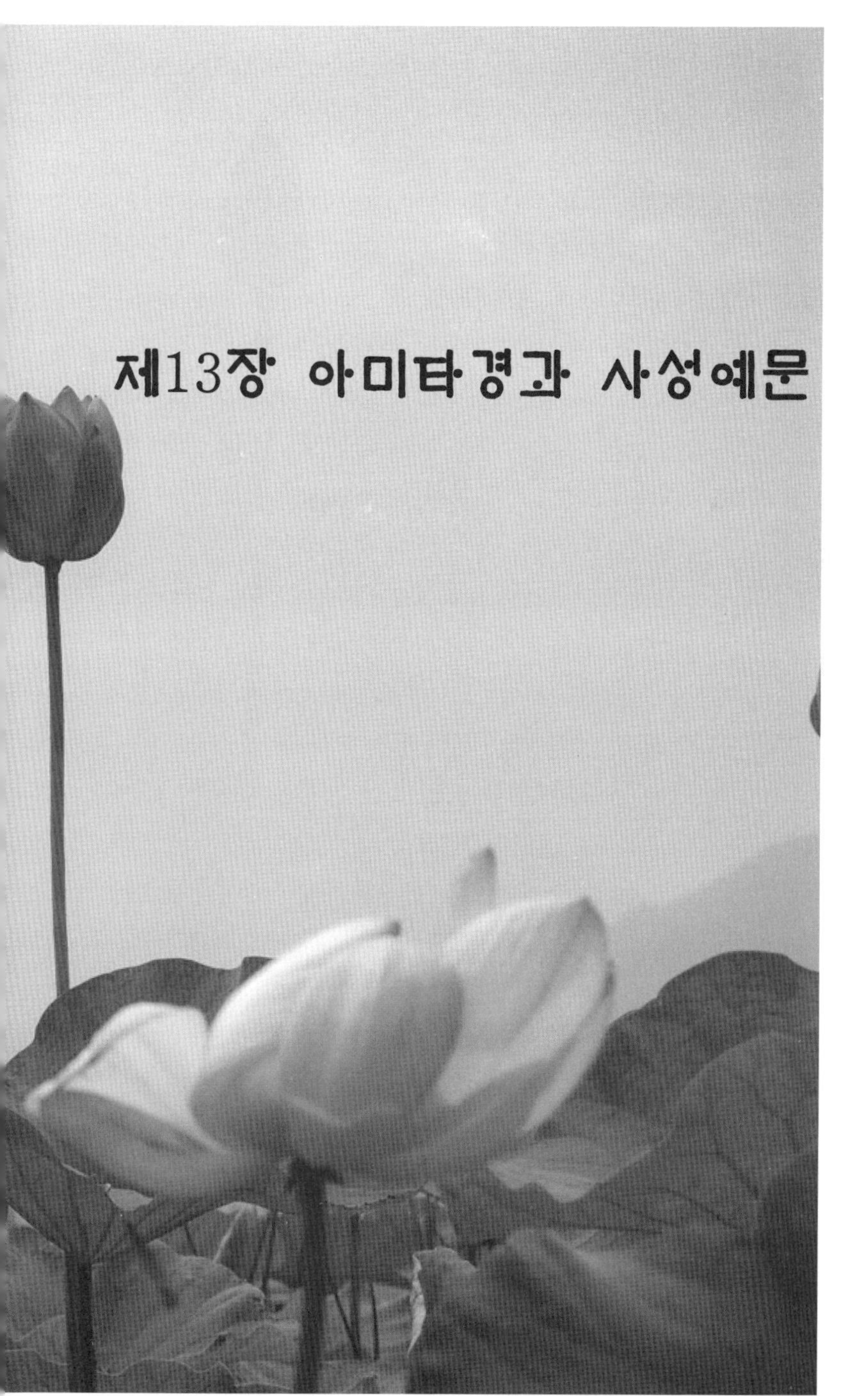

제13장 아미타경과 사성예문

행자(行者)는 매일 조석(朝夕)으로 서향(西向)하여 사성례(四聖禮)를 행(行)한 후 다음의 사성예문(四聖禮文)을 외워야 한다.

정삼업진언(淨三業眞言) 일송(一誦)
옴 사바바바 수다살바달마 사바바바 수도함
(三誦)

아금지차일주향 변성무진향운개
봉헌극락사성전 원수자비애납수
我今持此一炷香 變成無盡香雲蓋
奉獻極樂四聖前 願垂慈悲哀納受
_일송일배(一誦一拜)

나무서방정토극락세계
대자대비대원대력
접인도사아미타불
南無西方淨土極樂世界
大慈大悲大願大力
接引導師阿彌陀佛
_삼송삼배(三誦三拜)

나무서방정토극락세계
만억자금신 관세음보살마하살
南無西方淨土極樂世界
萬億紫金身 觀世音菩薩摩訶薩
삼송삼배(三誦三拜)

나무서방정토극락세계

무변광지신대세지보살마하살
南無西方淨土極樂世界
無邊光智身 大勢至菩薩摩訶薩
삼송삼배(三誦三拜)

나무서방정토극락세계
만분이엄신청정대해중보살마하살
南無西方淨土極樂世界
滿分二嚴身 淸淨大海衆菩薩摩訶薩
삼송삼배(三誦三拜)

유원사성대자대비 수아정례명훈가피력
원공법계제중생 동입미타대원해
唯願四聖大慈大悲 受我頂禮冥熏加被力
願共法界諸衆生 同入彌陀大願海
일송일배(一誦一拜)

대자보살찬불참죄 회향발원게
大慈菩薩讚佛懺罪 回向發願偈
일송(一誦)

시방삼세불 十方三世佛
아미타제일 阿彌陀第一
구품도중생 九品度衆生
위덕무궁극 威德無窮極
아금대귀의 我今大皈依
참회삼업죄 懺悔三業罪
범유제복선 凡有諸福善

지심용회향 至心用回向
원동염불인 願同念佛人
진생극락국 盡生極樂國
견불요생사 見佛了生死
여불도일체 如佛度一切
일송(一誦)

원아임욕명종시 願我臨欲命終時
진제일체제장애 盡除一切諸障礙
면견피불아미타 面見彼佛阿彌陀
즉득왕생안락찰 卽得往生安樂刹
일송(一誦)

원왕생원왕생 願往生願往生
원재미타회중좌 願在彌陀會中坐
수집향화상공양 手執香華常供養
일송(一誦)

원왕생원왕생 願往生願往生
원생극락견미타 願生極樂見彌陀
획몽마정수기별 護蒙摩頂授記莂
일송(一誦)

원왕생원왕생 願往生願往生
원생화장연화계 願生華藏蓮華界
자타일시성불도 自他一時成佛道
일송(一誦)

행자(行者)는 조석(朝夕)으로 위의 사성예문을 외는 동시에 다음의 아미타경과 왕생주(往生呪)등을 외울 것이다.

불설아미타경(佛說阿彌陀經)

(一誦 一拜 또는 三誦 一拜)

아 미 타 경
阿 彌 陀 經

1. 법회중증분法會衆證分
법회를 열다

여시아문 일시 불 재사위국기수급고독원 여대비구중천이백오십인 구
如是我聞 一時 佛 在舍衛國祇樹給孤獨園 與大比丘衆千二百五十人 俱
이와 같이 내가 들었다. 한 때 부처님께서 큰 스님 1,250명과 함께 사위국 기수급고독원에 계시었다.

사위(舍衛): 중부 인도 교살라(코살라)국의 서울. **기수급고독원**(祇樹給孤獨園): 중부 인도 사위성에서 남쪽 1.6 km지점에 있는 부처님이 설법한 유적지로서 여기에 기원정사(祇園精舍) 절이 있다. 이곳은 본래 바사낙왕의 태자 기타가 소유한 동산이었으나 급고독장자가 이 땅을 사서 세존께 바치고, 태자는 그 주위의 수풀을 세존께 바쳐 이 두 사람의 이름을 따라 기수급고독원이라 한다. **기원정사**(祇園精舍): 기수급고독원에 있는 절의 이름. **비구**(比丘): 불교에 귀의하여 구족계(250계)를 받아 지키는 남자 스님.

개시대아라한 중소지식 장로사리불 마하목건련 마하가섭 마하가전연 마하구치라 이바다 주리반타가 난타 아난타 라후라
皆是大阿羅漢 衆所知識 長老舍利佛 摩訶目犍連 摩訶迦葉 摩訶迦旃延 摩訶俱絺羅 離婆多 周利槃陀伽 難陀 阿難陀 羅睺羅
이들은 모두 덕이 높은 아라한들로서 장로사리불, 마하목건

련, 마하가섭, 마하가전연, 마하구치라, 리바다, 주리반트카, 난다, 아난다, 라후라,

장로(長老): 지혜와 덕이 높고 나이가 많은 남자 스님. **아라한**(阿羅漢, 응공): 성문4과(수다원, 사다함, 아나함, 아라한) 중 가장 윗자리, 3계의 유혹을 끊고 불도의 수행이 완성되어 존경과 공양을 받을 수 있는 성인의 지위. **아누루타**: 천안제일의 부처님 제자.

교범바제 빈두루 파라타 가루타이 마하겁빈라 박구라 아니루타 여시등제대제자
憍梵婆提 賓頭盧 頗羅墮 迦留陀夷 摩訶劫賓羅 縛拘羅 阿尼樓馱 如是等諸大弟子

교범바제, 빈두로파라타, 가루다이, 마하겁빈나, 박구라, 아누룩타와 같은 대 제자들이었다.

병제보살마하살 문수사리법왕자 아일다보살 건타하제보살 상정진보살 여여시등제대보살 급석제환인등무량제천대중 구
並諸菩薩摩訶薩 文殊師利法王子 阿逸多菩薩 乾陀訶諸菩薩 常精進菩薩 與如是等諸大菩薩 及釋提桓因等無量諸天大衆 俱
이 밖에 여러 보살이 계시었는데 법의 왕자인 문수사리를 비롯하여 아일다보살, 건타하제보살, 상정진보살 등 모든 대보살과 석제환인 등 수 많은 모든 하늘 대중들도 함께 있었다.

석제환인(釋提桓因, **제석**, **제석천**): 수미산 꼭대기에 있는 도리천의 임금.

2. 불토의정분佛土依正分
극락세계를 말하다

이시 불고장로사리불 종시서방 과십만억불토 유세계 명왈극락 기토 유불 호아미타 금현재설법

爾時　佛告長老舍利佛　從是西方　過十萬億佛土　有世界　名曰極樂　其土　有佛　號訶彌陀　今現在說法

그때 부처님께서 장로이신 사리불에게 말씀하셨다. "여기로부터 서쪽으로 십만억 불국토를 지나가면 이름을 "극락"이라 부르는 세계가 있는데 그 곳에는 아미타라 부르는 부처님이 지금도 설교를 하시고 계시느니라.

3. 보수지연분寶樹池蓮分
극락세계를 설명하다

사리불 피토 하고 명위극락 기국 중생 무유중고 단수제락 고명극락

舍利佛 彼土 何故 名爲極樂 其國 衆生 無有衆苦 但受諸樂 故名極樂

사리불아! 그 세계를 왜 극락이라 부르는 줄 아느냐? 그 곳에 있는 중생들은 아무 괴로움 없이 즐거움만 누리고 있으므로 이름을 극락이라 하느니라.

우 사리불 극락국토 칠중난순 칠중나망 칠중행수 개시사보 주잡위요 시고 피국 명위극락

又 舍利佛 極樂國土 七重欄楯 七重羅網 七重行樹 皆是四寶 周匝圍繞 是故 彼國 名爲極樂

또 사리불아! 극락세계에는 일곱 겹 난간과 일곱 겹 그물과 일곱 겹 가로수가 있는데 이는 모두 네 가지 보석으로 둘러싸 장식되어 있으므로 그 곳을 극락이라 부르느니라.

난순(欄楯): 난간. **나망**(羅網): 구슬을 꿰어 만든 그물. **행수**(行樹): 가로수. **사보**(四寶): 금, 은, 청옥, 수정.

우 사리불 극락국토 유칠보지 팔공덕수 충만기중 지저 순이금사포지 사변계도 금은유리파려 합성

又 舍利佛 極樂國土 有七寶池 八功德水 充滿其中 池底 順以金沙布地 四邊階道 金銀琉璃玻瓈 合成

사리불아! 또한 극락세계에는 칠보로 된 연못이 있는데 그 연못에는 여덟 가지 공덕의 물로 가득 찼고 연못 바닥에는 순금 모래가 깔려 있으며, 연못 네 변두리의 계단은 금, 은,

유리, 수정으로 만들어져 있느니라.

칠보(七寶): 7가지 보물(금, 은, 유리, 수정, 백산호, 붉은 진주, 녹색옥). **팔공덕수**(八功德水): 8가지 공덕을 갖추고 있는 물(달고, 차고, 부드럽고, 가볍고, 깨끗하고, 냄새 없고, 마실 때 목이 상하는 일이 없고, 마신 후 배탈이 없는 물). **파려**(玻瓈): 수정

상유누각 역이금은유리파려자거 적주마노 이엄식지
上有樓閣 亦以金銀琉璃玻瓈硨磲 赤珠碼瑙 而嚴飾之
또 연못 위에 있는 누각도 역시 금, 은, 유리, 수정, 옥돌, 붉은 진주, 녹색 옥으로 찬란하게 꾸며져 있으며,

자거(硨磲): 옥돌. **적주**(赤珠): 붉은 진주. **마노**(碼瑙): 녹색 옥.

지중연화 대여거륜 청색청광 황색황광 적색적광 백색백광 미묘향결 사리불 극락국토 성취여시공덕장엄
池中蓮華 大如車輪 靑色靑光 黃色黃光 赤色赤光 白色白光 微妙香潔 舍利佛 極樂國土 成就如是功德莊嚴
그 연못 가운데는 수레바퀴만한 연꽃이 피어 푸른 꽃에서는 푸른 광채가 나고, 누른 꽃에서는 누른 광채가 나며, 붉은 꽃에서는 붉은 광채가 나고, 흰 꽃에서는 흰 광채가 나는데 미묘하며, 향기롭고 청결하느니라. 사리불아! 극락세계는 이와 같은 공덕 장엄으로 이루어졌느니라.

4. 천인공양분天人供養分
하늘사람이 공양하다

우 사리불 피불국토 상작천악 황금위지 주야육시 우천만다라화
又 舍利佛 彼佛國土 常作天樂 黃金爲地 晝夜六時 雨天曼多羅華
사리불아! 또 그 극락세계에서는 항상 하늘 음악이 울리며, 땅은 황금색으로 빛나고 밤낮 여섯 때에 맞추어 연꽃 비가 내리고 있으며,

주야육시(晝夜六時): 새벽, 아침, 낮, 해질녘, 초저녁, 밤중.

기토중생 상이청단 각이의극 성중묘화 공양타방십만억불 즉이식시 환도본국 반사경행 사리불 극락국토 성취여시공덕장엄
其土衆生 常以淸旦 各以衣祴 盛衆妙華 供養他方十萬億佛 卽以食時 還到本國 飯食經行 舍利佛 極樂國土 成就如是功德莊嚴
그곳 중생들은 맑은 아침마다 제각기 꽃바구니에 아름다운 꽃을 담아 가지고 다른 시방세계의 십만억 부처님께 공양하고 조반 전에 돌아와 식사를 마치고 불도를 닦느니라. 사리불아! 극락세계에는 이와 같은 공덕 장엄으로 이루어졌느니라.

경행(經行): 불도를 닦다.

5. 금수연법분禽樹演法分
새가 나무에서 법을 말하다

부차사리불 피국 상유종종 기묘잡색지조 백학공작앵무사리
가릉빈가 공명지조 시제중조 주야육시 출 화아음
復次舍利佛 彼國 常有種種 奇妙雜色之鳥 白鶴孔雀鸚鵡舍利
迦陵頻伽 共命之鳥 是諸衆鳥 晝夜六時 出 和雅音
또 사리불아! 그 극락세계에는 각종 기묘하게 여러 빛깔을 한 백학, 공작, 앵무새, 사리새, 극낙새, 공명새 등의 새들이 있으며, 이 새들은 항상 밤낮 여섯 때에 장단을 맞추어 우아한 소리로 노래를 하는데

가릉빈가(迦陵頻伽): 극락조. **공명조**(共命鳥): 머리가 둘인 새.

기음 연창오근오력 칠보리분 팔성도분 여시등법 기토중생 문
시음이 개실염불염법염승
其音 演暢五根五力 七菩提分 八聖道分 如是等法 其土衆生 聞
是音已 皆悉念佛念法念僧
그 노래 소리는 오근과 오력, 칠보리와 팔정도 같은 법을 노래하는 것이니라. 그 세계의 중생들이 이 노래소리를 들으면 모두 부처님을 생각하고, 법문을 생각하며, 스님들을 생각하게 되느니라.

오근(五根): 번뇌를 누르고 성자의 길로 이끄는 5가지의 근원으로서 신심, 정진, 바른 생각, 선정, 지혜를 말한다. **오력**(五力): 불도를 닦는데 필요한 힘으로서 믿는 힘, 정진하는 힘, 생각하는 힘, 선정의 힘, 지혜의 힘을 말한다. **칠보리**(七菩提): 불도를 닦을 때 선악을 가리는 일곱 가지 지혜. **팔정도**(八正道): 불도를 닦는 중요한 종목을 8개로 나눈 것으로서 정견(正見), 정사유(正思惟), 정어(正語), 정업(正業), 정명(正命), 정정진(正精進), 정념(正念), 정정

(正定)을 말한다.

사리불 여물위차조 실시죄보소생 소이자하 피불국토 무삼악도
舍利佛 汝勿謂此鳥 實是罪報所生 所以者何 彼佛國土 無三惡道
사리불아! 너는 이 새들이 죄의 업보로 태어났다고 생각하지 말지니라. 왜냐하면 그 극락세계에는 삼악도(三惡道)가 없기 때문이니라.

삼악도(三惡道): 죄악을 범한 결과로 태어나서 고통 받는 곳으로서 지옥, 아귀, 축생을 말한다.

사리불 기불국토 상무악도지명 하황유실 시제중조 개시아미타불 욕영법음선류 변화소작
舍利佛 其佛國土 尙無惡道之名 何況有實 是諸重鳥 皆是訶彌陀佛 欲令法音宣流 變化所作
사리불아! 그 곳에는 악도라는 이름이 없는데 하물며 그러한 업보가 있겠느냐. 이 새들은 법문을 전하기 위하여 모두 아미타불께서 화현(化現)으로 만드신 것이니라.

변화(變化): 불보살이 중생을 교화하기 위하여 여러 가지 형상으로 나타내는 것. **화현**(化現): 불보살이 중생을 교화하고 구제하기 위한 수단으로 여러 가지 모양으로 변하여 이 세상에 나타내는 것.

사리불 피불국토 미풍 취동 제보행수 급 보라망 출 미묘음 비여백천종악 동시구작
舍利佛 彼佛國土 微風 吹動 諸寶行樹 及 寶羅網 出 微妙音 譬如百千種樂 同時俱作

사리불아! 그 극락세계에서 잔잔한 바람이 불면 보석으로 이루어진 모든 가로수와 그물에서 미묘한 소리가 나는데 그것은 마치 백천 가지 악기가 합주되는 듯하며,

문시음자 자연개생염불염법염승지심 사리불 기불국토 성취여시공덕장엄
聞是音者 自然皆生念佛念法念僧之心 舍利佛 其佛國土 成就如是功德莊嚴
그 소리를 듣는 사람은 모두 부처님을 생각하고, 법문을 생각하며, 스님들을 생각하는 마음이 저절로 우러나느니라. 사리불아! 그 극락세계는 이와 같은 공덕 장엄으로 이루어졌느니라.

6. 불덕무량분佛德無量分
부처님의 덕을 말하다

사리불 어 여의운하 피불 하고 호아미타 사리불 피불광명 무량 조시방국 무소장애 시고 호위아미타 우 사리불 피불수명 급기인민 무량무변아승지겁 고명아미타

舍利佛 於 汝意云何 彼佛 何故 號訶彌陀 舍利佛 彼佛 光明 無量 照十方國 無所障礙 是故 號爲訶彌陀 又 舍利佛 彼佛壽命 及其人民 無量無邊阿僧祇劫 故名訶彌陀

사리불아! 너는 그 부처님을 왜 "아미타"라 부르는지 아느냐? 사리불아! 그 부처님의 광명은 한량없이 시방세계를 비추어도 조금도 걸림이 없기 때문에 "아미타"라 부르니라. 사리불아! 또 그 부처님의 수명과 그 나라 백성의 수명이 한량없고 끝없는 아승지겁이므로 "아미타"라 하느니라.

시방(十方): 사방(동서남북), 사우(네 모퉁이: 건, 곤, 간, 손) 및 상하의 총칭.

사리불 아미타불 성불이래 어금십겁 우 사리불 피불 유 무량무변 성문제자 개 아라한

舍利佛 阿彌陀佛 成佛以來 於今十劫 又 舍利佛 彼佛 有 無量無邊 聲聞弟子 皆 阿羅漢

사리불아! 아미타불이 부처가 된지 이제 열 겁(十劫)이 되었느니라. 사리불아! 그 부처님에게는 한량없고 끝없이 많은 성문 제자가 있는데 이들은 모두 아라한으로서

겁(劫): 아득한 세월, 인간세계의 4억3천2백만 년. **성문**(聲聞): 부처님의 설교를 듣고 그 이치를 깨달아 아라한이 된 제자. **아라한**(阿羅漢, 응공): 성문4과 중 가장 윗자리, 3계의 유혹을 끊고 수행이 완성되어 존경과 공양을 받을 수 있는 성인의 지위

비시산수 지소능지 제보살중 역부여시 사리불 피불국토 성취 여시 공덕장엄
非是算數 之所能知 諸菩薩衆 亦復如是 舍利佛 彼佛國土 成就如是 功德莊嚴
그 수를 헤아릴 수 없으며, 보살 대중의 수도 또한 그러하니라. 사리불아! 그 극락세계는 이와 같은 공덕 장엄으로 이루어졌느니라.

7. 왕생발원분往生發願分

왕생하기를 빌다

우 사리불 극락국토 중생생자 개시아비발치 기중 다유일생보처 기수심다 비시산수 소능지지 단가이무량무변아승지 설
又 舍利佛 極樂國土 衆生生者 皆是阿鞞跋致 其中 多有一生補處 其數甚多 非是算數 所能知之 但可以無量無邊阿僧祇說
사리불아! 극락세계에 태어나는 중생들은 모두 아비발치이므로 그 중에는 일생보처(一生補處)로 있는 분들이 매우 많아 그 수를 숫자로 헤아릴 수 없어 다만 한량없고 끝없는 아승지로 밖에 표현할 수 없느니라.

아비발치(阿鞞跋致): 불퇴(不退)라 번역하며, 성불이 결정되어 보살에서 타락하지 않을 지위. **일생보처**(一生補處): 이번만 이 세상에 머물고 다음 생(生)에는 부처가 될 수 있는 보살의 최고 지위. **아승지**(阿僧祇劫): 셀 수 없는 것.

사리불 중생문자 응당발원 원생피국 소이자하 득여여시제상선인 구회일처
舍利佛 衆生聞者 應當發願 願生彼國 所以者何 得與如是諸上善人 俱會一處
사리불아! 이 말을 듣는 중생들은 마땅히 소원을 빌어 그 세계에 가서 태어나기를 원해야 할 것이니라. 왜냐하면, 그 곳에 가서 태어나면 이와 같이 착한 사람들과 함께 살 수 있기 때문이니라.

발원(發願): 소원을 빎, 어떤 것을 바라고 원하는 생각을 냄.

8. 수지정행분修持正行分
정행을 닦고 지니다

사리불 불가이소선근복덕인연 득생피국 사리불 약유선남자선여인 문설아미타불 집지명호 약일일약이일약삼일약사일 약오일약육일약칠일 일심불란

舍利佛 不可以少善根福德因緣 得生彼國 舍利佛　若有善男子善女人 聞說阿彌陀佛 執持名號 若一日若二日若三日若四日 若五日若六日若七日 一心不亂

사리불아! 조그마한 선근이나 복덕의 인연으로는 그 세계에 가서 태어날 수 없느니라. 만약 어떤 선남자 선여인이 아미타불의 이야기를 듣고 하루나 이틀 혹은 사흘, 나흘, 닷새, 엿새, 이렛 동안 한결 같은 마음으로 아미타불의 이름을 외우면

정행(正行): 극락세계에 가기 위하여 마음을 닦는 바른 행업. **선근**(善根): 좋은 일이 생기게 하는 인연.

기인 임명종시 아미타불 여제성중 현재기전 시인종시 심불전도 즉득왕생아미타불국토

其人 臨命終時 阿彌陀佛 與諸聖衆 現在其前　是人終時 心不顚倒 卽得往生阿彌陀佛國土

그 사람이 임종할 때 아미타불이 모든 성인들과 함께 그 앞에 나타날 것이니라. 그러면 그 사람의 마음이 전도되지 않아 곧바로 아미타불의 극락세계에 가서 태어나게 되느니라.

전도(顚倒): 도리를 어기고 바른 이치를 위반함. **왕생**(往生): 이 세계에서 저 세계로 가서 태어나는 것.

사리불 아견시리 고설차언 약유중생 문시설자 응당발원 생피 국토
舍利佛 我見是利 故說此言 若有衆生 聞是說者 應當發願 生彼國土
사리불아! 나는 이러한 이로움을 아는 까닭에 이러한 말을 하는 것이니 만약 어떤 중생이 이 말을 들으면 그 사람은 당연히 그 곳에 가서 태어나기를 원해야 하느니라.

9. 동찬권신분同讚勸信分

부처님을 찬탄하고 믿음을 권하다

사리불 여아금자 찬탄아미타불불가사의공덕지리 동방 역유아촉비불 수미상불 대수미불 수미광불 묘음불 여시등 항하사수제불

舍利佛 如我今者 讚嘆阿彌陀佛不可思議功德之利 東方 亦有阿閦鞞佛 須彌相佛 大須彌佛 須彌光佛 妙音佛 如是等 恒河沙數諸佛

사리불아! 내가 지금 아미타불의 불가사의한 공덕의 이로움을 찬탄하는 것처럼 동방에도 또한 아촉비불, 수미상불, 대수미불, 수미광불, 묘음불 등 갠지스강의 모래알 수와 같이 수많은 부처님들이 계셔서

불가사의(不可思議): 사람의 생각으로는 헤아릴 수 없는 것. **항하사수**(恒河沙數): 갠지스강의 모래알 수.

각어기국 출 광장설상 변부삼천대천세계 설 성실언 여등중생 당신시칭찬 불가사의공덕 일체제불 소호념경

各於其國 出 廣長舌相 遍復三千大千世界 說 誠實言 汝等衆生 當信是稱讚 不可思議功德 一切諸佛 所護念經

각기 그 세계에서 삼천대천세계에 두루 미치는 큰 목소리로 성실하게 법을 전하시나니 너희 중생들은 마땅히 이 불가사의한 공덕을 찬탄하시는 모든 부처님이 보호하는 이 경을 믿어야 하느니라.

광장설상(廣長舌相): 넓고 긴 혀의 모양. **삼천대천세계**(三千大天世界, 일대삼천세계): 불교 천문학으로 수미산을 중심으로 하여 4방에 4대주(大洲)가 있고 그 주위를 둘러싼 대철위산(大鐵圍山)을 포함하여 일세계(一世界)로 하고 이

1세계 천개 합한 것을 일소천세계(一小千世界), 소천세계 천개 합한 것을 중천세계(中千世界), 중천세계 천개 합한 것을 일대천세계라 하는데 여기에는 소천, 중천, 대천 3종의 천(千)이 있으므로 삼천대천세계(일대삼천세계)라 한다. 이 뜻에 의하면 1세계 10억 개를 말한다.

사리불 남방세계 유일월등불 명문광불 대염견불 수미등불 무량정진불 여시등 항하사수제불
舍利佛 南方世界 有日月燈佛 名聞光佛 大談肩佛 須彌等佛 無量精進佛 如是等 恒河沙數諸佛
사리불아! 남방세계에도 일월등불, 명문광불, 대염견불, 수미등불, 무량정진불 등등 갠지스강의 모래알 수와 같이 수많은 부처님들이 계셔서

각어기국 출 광장설상 변부삼천대천세계 설 성실언 여등중생 당신 시칭찬 불가사의공덕 일체제불 소호념경
各於其國 出 廣長舌相 遍復三千大千世界 說 誠實言 汝等衆生 當信 是稱讚 不可思議功德 一切諸佛 所護念經
각기 그 세계에서 삼천대천세계에 두루 미치는 큰 목소리로 성실하게 법을 전하시나니 너희 중생들은 마땅히 이 불가사의한 공덕을 찬탄하시는 모든 부처님이 보호하는 이 경을 믿어야 하느니라.

사리불 서방세계 유무량수불 무량상불 무량당불 대광불 대명불 보상불 정광불 여시등 항하사수제불
舍利佛 西方世界 有 無量壽佛 無量相佛 無量幢佛 大光佛 大明佛 寶相佛 淨光佛 如是等 恒河沙數諸佛
사리불아! 서방세계에도 무량수불, 무량상불, 무량당불, 대광불, 대명불, 보상불, 정광불 등 갠지스강의 모래알 수와 같이 수많은 부처님들이 계셔서

각어기국 출 광장설상 변부삼천대천세계 설 성실언 여등중생 당신 시칭찬 불가사의공덕 일체제불 소호념경
各於其國 出 廣長舌相 遍復三千大千世界 說 誠實言 汝等衆生 當信 是稱讚 不可思議功德 一切諸佛 所護念經
각기 그 세계에서 삼천대천세계에 두루 미치는 큰 목소리로 성실하게 법을 전하시나니 너희 중생들은 마땅히 이 불가사의한 공덕을 찬탄하시는 모든 부처님이 보호하는 이 경을 믿어야 하느니라.

사리불 북방세계 유염견불 최승음불 난저불 일생불 망명불 여시등항하사수제불
舍利佛 北方世界 有燄肩佛 最勝音佛 難沮佛 一生佛 網明佛 如是等恒河沙數諸佛
사리불아! 북방세계에도 염견불, 최승음불, 난저불, 일생불, 망명불 등등 갠지스강의 모래알 수와 같이 수많은 부처님들이 계셔서

각어기국 출 광장설상 변부삼천대천세계 설 성실언 여등중생 당신 시칭찬 불가사의공덕 일체제불 소호념경
各於其國 出 廣長舌相 遍復三千大千世界 說 誠實言 汝等衆生 當信 是稱讚 不可思議功德 一切諸佛 所護念經
각기 그 세계에서 삼천대천세계에 두루 미치는 큰 목소리로 성실하게 법을 전하시나니 너희 중생들은 마땅히 이 불가사의한 공덕을 찬탄하시는 모든 부처님이 보호하는 이 경을 믿어야 하느니라.

사리불 하방세계 유사자불 명문불 명광불 달마불 법당불 지법불 여시등 항하사수제불
舍利佛 下方世界 有獅子佛 名聞佛 名光佛 達磨佛 法幢佛 持

法佛 如是等 恒河沙數諸佛
사리불아! 하방세계에도 사자불, 명문불, 명광불, 달마불, 법당불, 지법불 등 갠지스강의 모래알 수와 같이 수많은 부처님들이 계셔서

각어기국 출 광장설상 변부삼천대천세계 설 성실언 여등중생 당신 시칭찬 불가사의공덕 일체제불 소호념경
各於其國 出 廣長舌相 遍復三千大千世界 說 誠實言 汝等衆生 當信 是稱讚 不可思議功德 一切諸佛 所護念經
각기 그 세계에서 삼천대천세계에 두루 미치는 큰 목소리로 성실하게 법을 전하시나니 너희 중생들은 마땅히 이 불가사의한 공덕을 찬탄하시는 모든 부처님이 보호하는 이 경을 믿어야 하느니라.

사리불 상방세계 유범음불 숙왕불 향상불 대염견불 잡색보화엄신불 사라수왕불 보화덕불 견일체의불 여수미산불 여시등 항하사수제불
舍利佛 上方世界 有梵音佛 宿王佛 香上佛 大談肩佛 雜色寶華嚴身佛 娑羅樹王佛 寶華德佛 見一切義佛 如須彌山佛 如是等 恒河沙數諸佛
사리불아! 상방세계에도 범음불, 수왕불, 향상불, 대염견불, 잡색보화엄신불, 사라수왕불, 보화덕불, 견일체의불, 여수미산불 등 갠지스강의 모래알 수와 같이 수많은 부처님들이 계셔서

각어기국 출 광장설상 변부삼천대천세계 설 성실언 여등중생 당신 시칭찬 불가사의공덕 일체제불 소호념경
各於其國 出 廣長舌相 遍復三千大千世界 說 誠實言 汝等衆生 當信 是稱讚 不可思議功德 一切諸佛 所護念經

각기 그 세계에서 삼천대천세계에 두루 미치는 큰 목소리로 성실하게 법을 전하시나니 너희 중생들은 마땅히 이 불가사의한 공덕을 찬탄하시는 모든 부처님이 보호하는 이 경을 믿어야 하느니라.

10. 문법신원분聞法信願分
법을 듣고 믿기를 원하다

사리불 어 여의운하 하고 명위일체제불 소호념경 사리불 약유선남자선여인 문시경수지자 급문제불명자 시제선남자선여인 개위일체제불지소호념 개득불퇴전어아뇩다라삼먁삼보리
舍利佛 於 汝意云何 何故 名爲一切諸佛 所護念經 舍利佛 若有善男 者善女人 聞是經受持者 及聞諸佛名者 是諸善男子善女人 皆爲一切諸佛之所護念 皆得不退轉於阿耨多羅三藐三菩提
사리불아! 너는 왜 이 경을 모든 부처님들이 보호하는 경이라고 하는 줄 아느냐? 만약 어떤 선남자 선여인들이 이 경을 듣고, 받아 지니거나 부처님의 이름을 들으면 모든 부처님의 보호를 받아 이 모든 선남자선여인이 아뇩다라삼먁삼보리(부처님의 깨달음)로부터 물러나지 않기 때문이니라.

아뇩다라삼먁삼보리(阿耨多羅三藐三菩提): 부처님의 깨달음. **불퇴전**(不退轉, 불퇴): 아비발치, 한 번 도달한 수양의 단계로부터 뒤로 물러나는 일이 없는 것.

시고 사리불 여등 개당신수아어 급제불소설
是故 舍利佛 汝等 皆當信受我語 及諸佛所說
그러므로 사리불아! 너희들은 내 말과 모든 부처님의 말씀을 당연히 믿고 받아들여야 하느니라.

수(受): 받다, 바깥 경계를 마음에 받아들이는 정신작용

사리불 약유인 이발원 금발원 당발원 욕생아미타불국자 시제인등 개득불퇴전어아뇩다라삼먁삼보리
舍利佛 若有人 已發願 今發願 當發願 欲生阿彌陀佛國者 是諸

人等 皆得不退轉於阿耨多羅三藐三菩提

사리불아! 만약 어떤 사람이 아미타불의 세계에 가서 태어나기를 이미 빌었거나 지금 빌거나 앞으로 빈다면 이 사람은 "아뇩다라삼먁삼보리"로부터 물러나지 않게 되어

어피국토 약이생 약금생 약당생 시고 사리불 제선남자선여인 약유신자 응당발원 생피국토

於彼國土 若已生 若今生 若當生 是故 舍利佛 諸善男子善女人 若有信者 應當發願 生彼國土

그 세계에 이미 태어났거나 지금 태어나는 중이거나 앞으로 태어날 것이니라. 그러므로 사리불아! 모든 선남자 선여인으로서 믿는 마음이 있는 사람은 마땅히 극락세계에 가서 태어나기를 빌어야 하느니라.

11. 호찬감발분互讚感發分

서로 칭찬하고 감동하다

사리불 여아금자 칭찬제불불가사의공덕 피제불등 역칭찬아 불가사의공덕 이작시언 석가모니불 능위심난희유지사
舍利佛 如我今者 稱讚諸佛不可思議功德 彼諸佛等 亦稱讚我 不可思議功德 而作是言 釋迦牟尼佛 能爲甚難希有之事
사리불아! 내가 지금 모든 부처님의 불가사의한 공덕을 칭찬하듯이 그 부처님들도 또한 나의 불가사의한 공덕을 칭찬하실 것이니라. 즉, "석가모니 부처님이 매우 어렵고 거룩한 일을 하기 위하여

희유(希有): 고맙고도 드물게 있는 것, 아주 드물고 진귀한 것, 그와 같은 예가 없는 것.

능어사바국토오탁악세 겁탁 견탁 번뇌탁 중생탁 명탁중 득아뇩다라삼먁삼보리 위제중생 설시일체 세간난신지법
能於娑婆國土五濁惡世 劫濁 見濁 煩惱濁 衆生濁 命濁中 得阿耨多羅三藐三菩提 爲諸衆生 說是一切 世間難信之法
능히 사바세계의 시대가 흐리고, 견해가 흐리고, 번뇌가 흐리고, 중생이 흐리며, 생명이 흐린 오탁악세에서 "아뇩다라삼먁삼보리"를 얻고 모든 중생들을 위하여 세상에서 믿기 어려운 설교를 한다"고 하시느니라.

사바(娑婆): 인간세계, 속세계. **오탁**(五濁): 5가지의 더러움(겁탁, 견탁, 번뇌탁, 중생탁, 명탁). **악세**(惡世):나쁜 세상. **오탁악세**(五濁惡世): 오탁이 나타나 악한 일이 많은 세상. **겁탁**(劫濁): 기근과 질병과 전쟁이 연이어 일어나는 일. **견탁**(見濁): 보는 것으로 인하여 생기는 더러움. **번뇌탁**(煩惱濁): 애욕을 탐하여 마음을 괴롭히고 죄를 짖는 것. **중생탁**(衆生濁): 중생이 죄가 많아 의리

를 알지 못하는 일. **명탁**(命濁): 인생의 수명이 짧아서 100년을 채우기 어려움.

사리불 당지 아어오탁악세 행차난사 득 아뇩다라삼먁삼보리 위일체세간 설차난신지법 시위심난
舍利佛 當知 我於五濁惡世 行此難事 得 阿耨多羅三藐三菩提 爲一切世間 說此難信之法 是爲甚難
사리불아! 명심하거라. 내가 오탁악세에서 이 어려운 일을 하여 "아뇩다라삼먁삼보리"를 얻고 모든 세상 사람을 위하여 믿기 어려운 설교를 하는 것은 매우 어려운 일이니라.

12. 유통보도분流通普度分
법을 전하여 널리 제도하다

불설차경이 사리불 급제비구 일체세간천인아수라등 문불소설 환희신수 작례이거
佛說此經已 舍利佛 及諸比丘 一切世間天人阿修羅等 聞佛所說 歡喜信受 作禮而去
부처님께서 이 경의 말씀을 모두 마치시니 사리불, 스님들, 모든 세상의 하늘인간 및 아수라 등이 부처님의 말씀을 듣고 기뻐하면서 믿고 받아들여 예배하고 물러갔다.

무량수불설왕생정토주(無量壽佛說往生淨土呪)
(一誦)
나모 아미다바야 다타가다야 다지야타 아미리도 바비
아미리다 싯담바비 아미리다 비가란제 아미리다 비가란다
가미니 가가나 기다가례 사바하 (三誦)

결정왕생정토진언(決定往生淨土眞言) (一誦)
나모 사만다 못다남 옴 아마리 다바베 사바하
(三誦)

상품상생진언(上品上生眞言) (一誦)
옴 마리다리 훔훔바닥 사바하 (三誦)

아미타불심주(阿彌陀佛心呪) (一誦)
다냐타 옴 아리다라 사바하 (三誦)

아미타불심중심주(阿彌陀佛心中心呪) (一誦)
옴 로게 새바라 라아 하릭 (三誦)

무량수여래심주(無量壽如來心呪) (一誦)
옴 아미리다 제체 하라훔 (三誦)

무량수여래근본다라니(無量壽如來根本陀羅尼) (一誦)
나 모라 다나다라야야 나막 알야 아미다바야 다타아다야 알하제 삼먁 삼못다야 다냐타 옴 아마리제 아마리도 나바베 아마리다 알베 아마리다 싯제 아마리다 제체 아마리다 미가란제 아마리다 미가란다 아미리 아마리다 아아야 나비가례 아마리다 냥노비 사바례 살발타 사다니 살바갈마 가로삭사 염가례 사바하 (三誦)

대보부모은중진언(大報父母恩重眞言) (一誦)
나무 사만다 못다남 옴 아아나 사바하 (三誦)

선망부모왕생정토진언(先亡父母往生淨土眞言) (一誦)
나무 사만다 못다남 옴 출제류리 사바하 (三誦)

불삼신진언(佛三身眞言) (一誦)
옴 호철모니 사바하 (三誦)

법삼장진언(法三欌眞言) (一誦)
옴 불모규라헤 사바하 (三誦)

승삼승진언(僧三乘眞言) (一誦)
옴 수탄복다헤 사바하 (三誦)

계장진언(戒藏眞言) (一誦)
옴 흐리부니 사바하 (三誦)

정결도진언(定決道眞言) (一誦)
옴 합불니 사바하 (三誦)

혜철수진언(慧徹修眞言) (一誦)
옴 라자바니 사바하 (三誦)

행보불상충의주(行步不傷蟲蟻呪) (一誦)

축언(祝言)

종조인단직지모 일체중생자회호
약어족하오상시 원여즉시생정토
從朝寅旦直至暮 一切衆生自回護
若於足下誤傷時 願汝卽時生淨土
(一誦)

옴 지리지리 사바하 (七 誦)

답살무죄진언(踏殺無罪眞言) (一誦)

축원(祝言)

종조인단직지모 일체중생자회호
약어족하상기형 원여즉시생정토
從朝寅旦直至暮 一切衆生自回護
若於足下傷其形 願汝卽時生淨土
(一誦)

옴 이데리니 사바하 (七誦)

참회게(懺悔偈)

아석소조제악업(我昔所造諸惡業)
개유무시탐진치(皆由無始貪瞋癡)
종신구의지소생(從身口意之所生)
일체아금개참회(一切我今皆懺悔)
(一誦)

참회진언(懺悔眞言) (一誦)

옴 살바 못자 못지 사다야 사바하 (七誦)

보회향진언(普回向眞言) (一誦)

옴 삼마라 삼마라 미마나 사라마하 자거바라 훔 (三誦)

원성취진언(願成就眞言) (一誦)

옴 아모까 살바다라 사다야 시베훔 (三誦)

보궐진언(補闕眞言) (一誦)

옴 호로호로 사야목케 사바하 (三誦)

회향발원문(回向發願文)

계수서방안락찰 접인중생대도사
아금발원원왕생 유원자비애섭수
稽首西方安樂刹 接引衆生大道師
我今發願願往生 唯願慈悲哀攝受

원이차공덕 보급어일체 아등여중생
당생극락국 동견무량수 개공성불도
願以此功德 普及於一切 我等興衆生
當生極樂國 同見無量壽 皆共成佛道
(一誦)

법보시 발원문

亡父 나상규 영가 왕생극락 발원

삼보 전에 귀의합니다.
대자대비하신 부처님이시여,
저희가 조그마한 정성을 모아
〈연종집요〉를 법공양 올립니다.
이 인연공덕으로 아버님 나상규 영가께서
다겁생에 지은 업장 모두 소멸 되어지고,
극락세계에 왕생하여 성불하여지이다.

원하옵나니, 이 공덕이 일체 모두에게 두루 미치어
살아서는 무병장수와 행복을 누리고 소원성취 하며
나와 그리고 중생들이 저 극락세계에 태어나서
무량수부처님(阿彌陀佛)을 함께 뵈옵고
모두 다 불도(佛道)를 이루어지이다.

나무아미타불 나무아미타불 나무아미타불

법공양 재자

광주광역시 북구 임동

母 유길만

子 나종영	子 나정희	子 나경례	子 나종인
김현정	장동원	김문섭	정현정
나희원	장여정	김재관	나윤희
나정수	장형원	김선아	나윤서

전북 임실군 성수면 성수산길 658(성수리 산85)
염불도량 상이암 ☎063-642-6263

불멸의 길, 연종집요

1판 1쇄 펴낸날 2016년 3월 23일
1판 2쇄 펴낸날 2016년 6월 19일(미타재일)
1판 3쇄 펴낸날 2016년 10월 26일

저자 홍인표
발행인 김재경 **기획・교정** 이유경 **편집** 김성우
디자인 최정근 **마케팅** 권태형 **제작** 해인프린팅

펴낸곳 도서출판 비움과소통
서울시 구로구 구로동로 206(구로동 487-36, 1층)
전화 02-2632-8739 팩스 0505-115-2068
홈페이지 http://bns-mall.co.kr **이메일** buddhapia5@daum.net
출판등록 2010년 6월 18일 제318-2010-000092호

ISBN 978-89-97188-93-2 03220

* 책값은 뒤표지에 있습니다.
* 잘못된 책은 서점에서 바꾸어 드립니다.

※ 전법을 위한 법보시용 불서는 저렴하게 제작・보급해 드립니다.
다량 주문시 표지・본문 등에 원하시는 문구(文句)를 넣어드립니다.